영어의
*알짜*
규칙

The Elements of Style

**영어의 알짜 규칙**
(The Elements of Style)

지은이 | 윌리엄 스트렁크(William Strunk Jr.)
옮긴이 | 이주명

1판 1쇄 펴낸날 | 2011년 1월 20일

펴낸이 | 이주명
편집 | 문나영
출력 | 문형사
종이 | 화인페이퍼
인쇄·제본 | 한영문화사

펴낸곳 | 필맥
출판등록 제300-2003-63호
주소 | 서울시 서대문구 충정로2가 184-4 경기빌딩 606호
이메일 | philmac@philmac.co.kr
홈페이지 | www.philmac.co.kr
전화 | 02-392-4491
팩스 | 02-392-4492

ISBN 978-89-91071-84-1 (03740)

이 도서의 국립중앙도서관 출판시도서목록(CIP)은 e-CIP홈페이지(http://www.nl.go.kr/cip.php)에서
이용하실 수 있습니다. (CIP제어번호 : CIP2010004860)

# The Elements of Style

분명하고 정확하고 간결하게
영어를 사용하는 방법

# 영어의 알짜 규칙

지은이 **윌리엄 스트렁크** | 옮긴이 **이주명**

필맥

**차례**

# I 머리말 __7

# II 영어사용의 기본규칙 __13

01 명사의 소유격 단수형은 's를 붙여 만든다
02 셋 이상의 항을 하나의 접속사와 함께 나열할 때는 마지막 항을 제외한 각 항의 뒤에 쉼표를 찍어준다
03 삽입되는 구절은 앞뒤로 쉼표를 찍어주고 그 사이에 집어넣는다
04 독립절을 이끄는 and나 but의 앞에는 쉼표를 찍어준다
05 독립절과 독립절을 쉼표로 연결하지 말라
06 문장을 두 개로 쪼개지 말라
07 문장의 맨 앞에 놓이는 분사구는 문법상의 주어와 연관된 것이어야 한다
08 줄바꿈을 할 때 낱말을 쪼개야 한다면 낱말의 구성과 발음에 따라 쪼갠다

# III 문장구성의 기본원칙 __39

09 패러그래프를 글짓기의 단위로 삼아라_각 토픽당 한 패러그래프씩
10 일반적으로 각 패러그래프는 하나의 주제문장으로 시작하고 그것에 대응하는 문장으로 끝내라

11 능동태를 사용하라

12 긍정적인 형태로 진술하라

13 불필요한 낱말을 제거하라

14 산열문을 연거푸 이어쓰지 말라

15 복수의 대등한 생각은 유사한 형태로 표현하라

16 서로 관계가 있는 낱말들은 떼어놓지 말라

17 요약에서는 하나의 시제를 유지하라

18 문장에서 강조해야 할 말은 맨 끝에 놓는다

## IV 몇 가지 형식의 문제__95

## V 흔히 잘못 사용되는 낱말과 표현__103

## VI 철자의 오류를 저지르기 쉬운 낱말 250개__135

## VII 자기 스타일을 찾는 사람들을 위한 21가지 조언__151

옮긴이의 후기__161

찾아보기__163

**일러두기**

1. 각주는 모두 옮긴이의 주석이다.
2. 영어 예문에 덧붙인 한글 번역문은 영어 예문을 읽는 데 도움을 주기 위한 것이므로 반드시 한글의 표준 문법과 구두법에 따르지는 않는다.

# 머리말

이 책은 문장구성 연습과 문학 공부를 결합시킨 영어학습 과정에서 사용되는 것을 상정해 씌어졌다. 이 책은 평이한 영어의 스타일♠에 관한 가장 중요한 필수규칙들을 적은 지면에 간단히 압축해 보여주는 것을 목적으로 하고 있다. 이 책은 몇 가지 기본적인 것들, 즉 가장 많이 위반되는 영어사용의 규칙과 문장구성의 원칙(II장과 III장에서)에 주의를 집중할 수 있게 해서 교사와 학생들의 짐을 경감시켜주는 것을 목적으로 하고 있다. 각 섹션의 번호는

---

♠ 글과 관련해 스타일(style)이라는 낱말이 사용될 때에는 그것이 다음 두 가지 가운데 어느 하나 또는 둘 다의 의미를 갖는다.
  ① 다른 글과 구분되는 어떤 글만의 독특한 표현방식, 또는 다른 사람과 구분되는 어떤 사람만의 독특한 글쓰기 방식.
  ② 철자, 구두법, 맞춤법, 기본적인 문장구성 등에 관한 관례나 규칙. 흔히 언론사, 출판사, 교육기관과 같은 특정한 조직이나 집단에서 표기의 통일을 위해 정해 놓곤 한다.
  따라서 style은 문체, 문장양식, 문장의 분위기, 글맛, 표기법, 표기관례 등을 지칭하는 데 두루 사용될 수 있는 개념이다. 이 책도 일반적인 영어의 스타일을 ①과 ②의 두 가지 측면에서 다루고 있다.

글을 쓰거나 수정하면서 이 책을 참고할 때 필요한 부분을 얼른 찾아보는 데 유용할 것이다.

이 책은 영어의 스타일이라는 분야의 일부분만을 다룬 것에 불과하다. 지은이의 경험에 따르면 일단 기본적인 것들을 익힌 학생이라면 그 자신이 영어를 사용하는 과정에서 부닥치게 되는 문제에 초점을 맞춘 개별지도를 받는 것이 가장 유익하다. 그런 개별지도를 해줄 교사는 그 어떤 교과서의 내용보다 더 선호하는 자기 나름의 이론을 갖고 있을 것이다.

코넬대학의 영어학과에 지은이와 같이 재직하고 있는 동료 교수들이 지은이가 이 책의 원고를 쓰는 과정에서 많은 도움을 주었다. 조지 매클레인 우드 씨는 친절하게도 그의 《글 쓰는 사람들을 위한 권고(Suggestions to Authors)》에서 일부 내용을 발췌해 이 책에 규칙 11로 포함시키는 것에 동의해주었다.

다음 책들을 참고서나 추가적인 공부에 유용한 책으로 추천한다.

II장 및 IV장과 관련해서는

F. Howard Collins, *Author and Printer*, Henry Frowde ;

Chicago University Press, *Manual of Style* ;

T. L. De Vinne, *Correct Composition*, The Century Company ;

Horace Hart, *Rules for Compositors and Printers*, Oxford

University Press;

George McLane Wood, *Extracts from the Style-Book of the Government Printing Office*, United States Geological Survey
를 추천하고,

III장 및 V장과 관련해서는

Sir Arthur Quiller-Couch, *The Art of Writing*, Putnams, 특히 Interlude on Jargon이라는 장;

George McLane Wood, *Suggestions to Authors*, United States Geological Survey;

John Leslie Hall, *English Usage*, Scott, Foresman and Co.;

James P. Kelly, *Workmanship in Words*, Little, Brown and Co.
를 추천한다.

글을 훌륭하게 잘 쓰는 사람들이 종종 수사학의 규칙을 무시하는 것은 오래전부터 관찰돼온 사실이다. 그러나 그들이 그렇게 할 때에는 보통은 독자들이 해당 문장에서 그것을 보상하는, 즉 규칙 위반이라는 대가를 치르고 얻어진 어떤 장점을 발견할 것이다. 규칙을 무시하고서도 글을 잘 쓸 수 있다는 확신이 없었다면 아마도 최선을 다해 규칙을 따랐을 것이다. 글을 훌륭하게 잘 쓰는 사람들로부터 일상적 이용에 적합할 정도의 평이한 영어로 글을 쓰는 법을 배운 뒤에는 스타일의 비결을 알아내기 위해 뛰어난 문필가들이 쓴 글을 연구해보는 것이 좋겠다.

# 영어사용의 기본규칙

## 01
# 명사의 소유격 단수형은 's를 붙여 만든다

자음으로 끝나는 명사의 경우 그 마지막 자음이 무엇인가와 상관없이 이 규칙을 따르라. 따라서 다음과 같이 쓴다.

Charles's friend  찰스의 친구
Burns's poems  번스의 시
the witch's malice  마녀의 심술

이것은 미국 정부출판청과 영국 옥스퍼드대학 출판부의 영어 사용법이다.

이 규칙의 예외로는 고대로부터 내려온 고유명사 가운데 소유격을 −es나 −is로 쓰는 것, Jesus의 소유격 Jesus', 그리고 for conscience' sake나 for righteousness' sake와 같은 형태 등이 있다. 그러나 Achilles' heel, Moses' laws, Isis' temple과 같은 형태는 대개 다음과 같이 바꿔 쓴다.

the heel of Achilles♠  아킬레스의 발뒤꿈치

the laws of Moses  모세의 율법

the temple of Isis  이시스의 신전


대명사의 소유격인 hers, its, theirs, yours와 oneself에는 아포스트로피를 붙이지 않는다.♤

---

♠ 요즘에는 the heel of Achilles보다 Achilles' heel이 더 많이 사용되는 것 같다. 고대 그리스 신화에 나오는 영웅 아킬레우스의 몸에서 유일하게 취약한 부위가 발뒤꿈치였다는 데서 유래한 표현이다. 일반적으로 '치명적인 약점'이나 '유일한 약점'을 가리키는 비유적 표현으로 사용된다. 해부학에서도 '발뒤꿈치 힘줄'을 가리키는 용어로 '아킬레스 힘줄' 또는 '아킬레스건(腱)'이라는 말이 사용되는데, 이를 라틴어로는 tendo achilleus, 영어로는 Achilles tendon(또는 Achilles' tendon)이나 Achilles' heel이라고 쓴다.

♤ 대명사의 소유격에는 아포스트로피 에스('s)를 붙이지 않는다는 규칙과 관련해 사람들이 가장 혼동하는 것이 its와 it's다. its는 it의 소유격이고, it's는 it is를 줄인 말이다.

It's one of the hardest phases in its development.
그것은 그 전개과정에서 가장 어려운 국면 가운데 하나다.

대명사 가운데 부정대명사(Indefinite pronoun)의 소유격에는 아포스트로피 에스('s)를 붙인다.

somebody else's notebook(누군가 다른 사람의 노트북)
one's best days(전성시대)

## 02 셋 이상의 항을 하나의 접속사와 함께 나열할 때는 마지막 항을 제외한 나머지 각 항의 뒤에 쉼표를 찍어준다

따라서 다음과 같이 쓴다.

red, white, and blue♠

빨갛고, 하얗고, 파란

honest, energetic, but headstrong

정직하고, 정력적이고, 그러나 완고한

♠ 이와 같이 여러 개의 항을 열거할 때 마지막으로 접속사 바로 앞에 찍어주는 쉼표를 시리얼 코머(serial comma), 옥스퍼드 코머(Oxford comma), 하버드 코머(Harvard comma) 등으로 부른다. 이 책의 지은이인 윌리엄 스트렁크는 이러한 시리얼 코머를 반드시 찍어주어야 한다고 여기서 밝히고 있으나, 그렇게 하지 말아야 한다는 반론도 있다. 미국 정부출판청, 옥스퍼드대학 출판부, 하버드대학 출판부 등에서는 시리얼 코머를 사용해야 한다는 입장인 반면에 AP통신, 〈더 타임스〉, 〈뉴욕타임스〉와 같은 언론에서는 시리얼 코머를 사용하지 않는 것을 원칙으로 하고 있다. 따라서 AP통신 등에서는 red, white, and blue라고 쓰지 않고 red, white and blue라고 쓴다. 그러나 대체로 보아 시리얼 코머를 사용하는 경우에 문구의 뜻이 보다 분명하게 전달되는 편이다. 예를 들어 to my parents, Mary Godwin and God이라고 쓰면 my parents와 Mary Godwin과 God을 차례로 열거한 것인지, 아니면 Mary Godwin과 God을 비유적으로 my parents라고 지칭한 것인지가 명확하지 않게 된다. 그러나 시리얼 코머를 사용해 to my parents, Mary, and God이라고 쓰면 그러한 모호함이 발생하지 않는다.

He opened the letter, read it, and made a note of its contents.
그는 편지를 개봉하고, 그것을 읽고, 그 내용을 메모해두었다.

이것 역시 미국 정부출판청과 옥스퍼드대학 출판부의 영어 사용법이다.

기업의 이름을 쓸 때에는 다음과 같이 마지막의 쉼표를 뺀다.

Brown, Shipley and Company
브라운, 시플리 회사

약어 etc.는 그 앞에 단 하나의 항만 있더라도 쉼표를 찍어준 다음에 쓴다.

# 03 삽입되는 구절은 앞뒤로 쉼표를 찍어주고 그 사이에 집어 넣는다

The best way to see a country, unless you are pressed for time, is to travel on foot.
어느 한 나라를 살펴보기 위한 최선의 방법은, 시간에 쫓기지만 않는다면, 도보여행을 하는 것이다.

이 규칙은 적용하기가 그리 쉽지 않다. however와 같은 단 하나의 낱말이나 어떤 단 하나의 말마디가 '삽입' 된 것인지의 여부를 판정하기가 어려운 경우가 종종 있다. 문장의 흐름을 방해하는 정도가 경미한 경우에는 앞뒤로 쉼표를 찍어주지 않아도 무방하다. 그러나 문장의 흐름을 방해하는 정도가 경미하든 상당하든 앞뒤로 2개의 쉼표 가운데 어느 하나만 빼고 다른 하나를 남겨두어서는 결코 안 된다. 예를 들어

Marjorie's husband, Colonel Nelson paid us a visit yesterday.
마조리의 남편, 넬슨 대령이 어제 우리를 방문했다.

또는

My brother you will be pleased to hear, is now in perfect health.
내 오빠가 당신이 들으면 좋아할 소식인데, 이제는 건강을 완전히 회복했다.

와 같이 쓰는 것은 잘못이며, 변호될 여지가 없다.
　비한정적 관계절(Non-restrictive relative clause)은 앞뒤로 쉼표를 찍어주어 분리시키는 것이 이 규칙에 부합한다.

The audience, which had at first been indifferent, became more and more interested.
청중이, 처음에는 냉담하더니, 점점 더 흥미를 보였다.

　이와 비슷하게 where나 when으로 시작되는 비한정적 관계절도 마찬가지로 앞뒤로 쉼표를 찍어준다.

In 1769, when Napoleon was born, Corsica had but recently been acquired by France.
나폴레옹이 태어난 1769년에 코르시카 섬은 프랑스의 지배 아래 들어간 직후였다.

Nether Stowey, where Coleridge wrote The Rime of the Ancient Mariner, is a few miles from Bridgewater.
콜리지가 〈늙은 선원의 노래〉를 쓴 네더스토이는 브리지워터에서 불과 몇 마일 떨어진 곳에 있다.

위의 세 문장에서 which, when, where로 시작되는 절들은 비한정적(non-restrictive)이다. 즉 그 절들은 그 앞의 낱말이나 구절의 의미를 한정하지 않고, 다만 주절(principal clause) 속에 있는 그 낱말이나 구절을 보충해주는 진술을 삽입적으로 추가한다. 따라서 각 문장은 독립시킬 수 있는 두 개의 진술을 결합한 것이다.

The audience was at first indifferent. Later it became more and more interested.
청중이 처음에는 냉담했다. 그런데 나중에는 청중이 점점 더 흥미를 보였다.

Napoleon was born in 1769. At that time Corsica had but recently been acquired by France.

나폴레옹은 1769년에 태어났다. 그때 코르시카 섬은 프랑스의 지배 아래 들어간 직후였다.

Coleridge wrote The Rime of the Ancient Mariner at Nether Stowey. Nether Stowey is only a few miles from Bridgewater.
콜리지는 〈늙은 선원의 노래〉를 네더스토이에서 썼다. 네더스토이는 브리지워터에서 불과 몇 마일 떨어진 곳에 있다.

한정적 관계절(Restrictive relative clause)은 앞뒤로 두 개의 쉼표를 찍어 분리시키지 않는다.

The candidate who best meets these requirements will obtain the place.
이런 자격요건을 가장 잘 충족시키는 후보자가 그 자리를 차지할 것이다.

이 문장에서는 관계절이 후보자(candidate)라는 낱말의 의미를 어떤 한 사람으로만 한정시킨다. 앞에서 예시한 문장들과 달리 이 문장은 두 개의 독립된 진술로 분리시킬 수 없다.

etc.나 Jr.와 같은 약어(abbreviation)는 항상 그 앞에 쉼표를 찍어주며, 문장의 끝에 놓이게 되는 경우를 제외하고는 언제나 그 뒤에

도 쉼표를 찍어준다.♠

삽입구절(parenthetic expression)의 앞과 뒤에 쉼표를 찍어주는 것과 원칙상 비슷한 것으로 한 문장 안에서 주절(main clause)의 앞이나 뒤에 놓이는 구절이나 종속절(dependent clause)을 그 앞과 뒤에 쉼표를 찍어 분리시켜주는 것이 있다. 이 섹션과 규칙 4, 5, 6, 7, 16번에서 인용됐거나 인용될 문장들이 이에 대한 안내를 충분히 해줄 것이다.

삽입구절의 바로 앞에 접속사(conjunction)가 놓이는 경우에는 그 삽입구절을 분리시키는 앞뒤 2개의 쉼표 가운데 앞의 쉼표를 그 접속사의 뒤가 아닌 앞에 찍어준다.

**He saw us coming, and unaware that we had learned of his treachery, greeted us with a smile.**
**그는 우리가 다가가는 것을 보았고, 우리가 그의 배신을 알게 됐다는 사실을 모른 채 미소로 우리를 반겼다.**

---

♠ etc.는 문장 속에서 다음과 같이 앞뒤로 쉼표를 찍어주고 사용하면 된다.
    Your pictures, videos, etc., should be posted here.
    당신의 사진, 비디오 등은 여기에 게시하십시오.
Jr.는 William Strunk, Jr.(윌리엄 스트렁크 2세)와 같이 그 앞에 쉼표를 찍어주는 것이 관행이었지만, 최근에는 William Strunk Jr.와 같이 쉼표를 빼고 그냥 이어 쓰기도 한다.

# 04
## 독립절을 이끄는 and나 but의 앞에는 쉼표를 찍어준다

The early records of the city have disappeared, and the story of its first years can no longer be reconstructed.
그 도시의 초기에 관한 기록은 소실됐고, 그 초기의 시대에 관한 이야기는 더 이상 복원될 수 없다.

The situation is perilous, but there is still one chance of escape.
상황이 위험하지만, 아직은 도피할 기회가 한 가지는 남아있다.

이런 유형의 문장은 그 문맥에서 분리시켜놓고 보면 고쳐 써야 할 필요가 있는 것처럼 보일 수 있다. 이런 문장은 쉼표가 찍혀있는 곳까지의 부분만으로도 완전한 의미를 가지며, 그 뒤에 놓인 두 번째 절은 별도로 추가된 표현이라는 인상을 준다. 게다가 and는 접속사 가운데서 그 의미가 가장 불분명한 것이다. 두 개의 독립절(independent clause) 사이에 놓인 and는 그 두 개의 독립절 사이에 어떤 관계가 존재한다는 사실만 알려주고, 그 관계가 구체적으로 무엇인지를 알려주지 않는다. 위의 예에서는 그것이 원인과 결과의 관계다. 위의 두 문장은 다음과 같이 바꿔 쓸 수 있다.

As the early records of the city have disappeared, the story of its first years can no longer be reconstructed.
그 도시의 초기에 관한 기록은 소실됐으므로 그 초기의 시대에 관한 이야기는 더 이상 복원될 수 없다.

Although the situation is perilous, there is still one chance of escape.
상황이 위험하지만 그렇다고 하더라도 아직은 도피할 기회가 한 가지는 남아있다.

또는 종속절(subordinate clause)을 구(phrase)로 바꿔 써도 된다.

Owing to the disappearance of the early records of the city, the story of its first years can no longer be reconstructed.
그 도시의 초기에 관한 기록의 소실로 인해 그 초기의 시대에 관한 이야기는 더 이상 복원될 수 없다.

In this perilous situation, there is still one chance of escape.
이런 위험한 상황에서도 아직은 도피할 기회가 한 가지는 남아있다.


그러나 글을 쓰는 사람은 너무 획일적으로 문장을 간결하게 압축시켜 맨 끝에 가서야 비로소 완전한 문장이 되는 도미문♠의 형태로 글을 쓰는 바람에 잘못을 저지르게 될 수 있다. 그러므로 이따금씩 산열문♤의 형태로 글을 써주는 것이 스타일이 너무 딱딱하

---

♠ '도미문(periodic sentence)'에서 '도미(掉尾)'는 '꼬리를 흔든다'는 뜻이다. 도미문(또는 도미문장)은 꼬리 부분에 가서야 그 의미와 문법적 구조가 비로소 완전하게 되는 문장을 말한다. 예를 들어 미국의 시인 헨리 워즈워스 롱펠로(1807~1882)가 쓴 〈눈송이(Snowflakes)〉라는 시는 다음과 같은 도미문으로 시작된다.
  Out of the bosom of the Air, 하늘의 품속에서,
  Out of the cloud-folds of her garment shaken, 흔들리는 여러 겹의 구름옷에서,
  Over the woodlands brown and bare, 암갈색의 헐벗은 숲지대 위로,
  Over the harvest-fields forsaken, 추수도 안 된 채 버려진 들판 위로,
  Silent and soft, and slow, 고요하고 부드럽게, 그리고 천천히,
  Descends the snow. 눈이 내린다.

♤ '산열문(loose sentence)'에서 '산열(散列)'은 '흩뜨려 늘어놓는다'는 뜻이다. 산열문(또는 산열문장)은 도미문과는 반대로 맨 앞부분에 주된 의미를 전달하는 주절이 배치되고 그 뒤에 수식이나 부연을 하는 종속구절이 덧붙여지는 형태로 구성된 문장을 말한다. 예를 들어 존 에프 케네디가 1961년에 미국의 대통령으로 취임하면서 한 연설은 다음과 같은 산열문으로 시작된다.
  We observe today not a victory of party but a celebration of freedom, symbolizing an end as well as a beginning, signifying renewal as well as change. 우리는 오늘 당의 승리를 자축하고 있는 것이 아니라 자유의 축전을 열고 있는 것이고, 그것은 하나의 끝과 하나의 시작을 동시에 상징하는 것이자 쇄신과 변화를 동시에 의미하는 것입니다.

게 되는 것을 막아주고, 글을 읽는 사람으로 하여금 일종의 편안함을 느끼게 해준다. 따라서 첫 번째로 인용된 유형의 산열문은 편안하고 자연스러운 글에서 흔히 볼 수 있다. 그러나 너무 많은 문장을 이런 형태로 쓰지는 않도록 유의해야 한다(규칙 14를 보라).

두 개의 부분으로 구성된 문장에서 두 번째 부분의 앞에 as(because와 같은 의미의), for, or, nor, while(and at the same time 이라는 의미의) 등의 접속사가 놓이는 경우에도 그 접속사 앞에 쉼표를 찍어주어야 한다.

종속절 또는 쉼표로 분리시켜야 할 도입구(introductory phrase)가 두 번째 독립절 앞에 놓이는 경우에는 접속사 뒤에 쉼표를 찍어줄 필요가 없다.

The situation is perilous, but if we are prepared to act promptly, there is still one chance of escape.
상황이 위험하지만, 만약 우리가 즉각적으로 대응행동을 할 준비가 돼 있다면 아직은 도피할 기회가 한 가지는 남아있다.

부사(adverb)로 연결된 두 개의 부분으로 구성된 문장에 대해서는 다음 섹션을 보라.

# 05 독립절과 독립절을 쉼표로 연결하지 말라

문법적으로 완전하고 접속사로 연결되지 않은 절이 두 개 이상 결합되어 하나의 중문(compound sentence)♣을 이루는 경우에 적합한 구두점은 세미콜론(semicolon)이다.

Stevenson's romances are entertaining; they are full of exciting adventures.
스티븐슨의 소설은 재미있다; 그의 소설은 흥분되는 모험으로 가득 차있다.

It is nearly half past five; we cannot reach town before dark.

♣ 주어와 술어를 갖추어 그 자체로 완전한 하나의 문장이 되는 절을 독립절(independent clause)이라고 할 때 문장구조는 다음 네 가지로 분류된다. ① 단문(simple sentence): 하나의 독립절만 갖고 있고 종속절은 없는 문장구조. ② 중문(compound sentence): 두 개 이상의 독립절이 접속사나 세미콜론으로 연결된 문장구조. ③ 복문(complex sentence): 하나의 독립절과 하나 이상의 종속절로 이루어진 문장구조. ④ 중복문(=혼합문, complex-compound sentence, compound-complex sentence): 두 개 이상의 독립절과 하나 이상의 종속절로 이루어진 문장구조.

시간이 거의 5시 반이 됐다; 우리는 어두워지기 전에 마을에 도착할 수 없다.

세미콜론 대신 마침표(period)를 사용해 위와 같은 문장을 두 개의 문장으로 분리해 쓰는 것도 물론 잘못된 것이 아니다.

Stevenson's romances are entertaining. They are full of exciting adventures.
스티븐슨의 소설은 재미있다. 그의 소설은 흥분되는 모험으로 가득 차있다.

It is nearly half past five. We cannot reach town before dark.
시간이 거의 5시 반이 됐다. 우리는 어두워지기 전에 마을에 도착할 수 없다.

접속사(conjunction)를 삽입하려고 한다면 적절한 구두점은 쉼표다(규칙 4).

Stevenson's romances are entertaining, for they are full of exciting adventures.
스티븐슨의 소설은 흥분되는 모험으로 가득 차있기 때문에 재미있다.

It is nearly half past five, and we cannot reach town before dark.
시간이 거의 5시 반이 됐으니 우리는 어두워지기 전에 마을에 도착할 수 없다.

두 번째 절의 앞에 접속사가 아니라 accordingly, besides, so, then, therefore, thus와 같은 부사가 놓이는 경우에도 세미콜론을 찍어주어야 한다는 점에 유의하라.♠

I had never been in the place before; so I had difficulty in finding my way about.
나는 전에 그곳에 가본 적이 전혀 없었다; 그래서 나는 그곳에서 길을 찾는 데 애를 먹었다.

그러나 일반적으로 글을 쓸 때 so를 이런 식으로 사용하는 것은 피하는 것이 좋다. 글을 쓸 때 so를 전혀 사용하지 않는 것을 원칙

---

♠ 영어 문장에서는 콜론(:)도 세미콜론(;)에 못지않게 많이 사용된다. 콜론은 그 앞의 독립절과 밀접한 관계가 있는 것이 그 뒤에 나올 것이라고 예고하는 의미를 갖고 있다. 분리효과의 측면에서 보면 콜론은 쉼표보다 강하지만 세미콜론보다는 약하다. 상세한 내용의 목록, 주절과 관련된 동격의 어구, 부연의 구절, 예시나 인용 등을 추가하고자 할 경우에 독립절 뒤에 콜론(:)을 찍어준 다음에 그렇게 하면 된다.
  I have three brothers: Tom, Harry, and Richard.
  나는 남자형제가 셋이다. 그들은 톰, 해리, 리처드다.
  Benjamin could not speak: he was drunk.
  벤저민은 말하지 못했다. 그는 술에 취한 상태였기 때문이다.
  There is only one thing left to do now: confess while you still have time.
  이제 할 수 있는 일이 오직 한 가지만 남아있다. 그것은 아직 시간이 있을 때 고백을 하는 것이다.
  Juliet looked up and said: "Exactly, The dog ate the key."
  줄리엣은 올려다보며 말했다. "맞아. 개가 열쇠를 먹어버렸어."

으로 삼은 사람이 아닌 한 so를 너무 자주 사용하게 될 위험이 있기 때문이다. 이것을 바로잡는 데 간단하게 사용할 수 있으며 대체로 유용한 방법은 so라는 낱말을 빼버리고 첫 절을 다음과 같이 시작하는 것이다.

As I had never been in the place before, I had difficulty in finding my way about.
나는 전에 그곳에 가본 적이 전혀 없었기에 그곳에서 길을 찾는 데 애를 먹었다.

문장을 구성하는 절들이 매우 짧고 그 형태가 비슷하다면 대개는 쉼표를 사용해도 된다.

Man proposes, God disposes.
인간이 제안하면, 처리는 신이 한다.(= 진인사 대천명. 일을 꾸미는 것은 인간이지만, 일의 성패는 신의 뜻에 달려 있다.)
The gate swung apart, the bridge fell, the portcullis was drawn up.
문짝이 떨어져나갔고, 가로대가 무너졌으며, 쇠창살문이 열렸다.

## 06 문장을 두 개로 쪼개지 말라

다시 말해, 쉼표 대신 마침표를 사용해서는 안 된다.

I met them on a Cunard liner several years ago. Coming home from Liverpool to New York.
나는 몇 년 전에 큐너드 정기여객선에서 그들을 만났다. 리버풀에서 뉴욕으로 돌아오는 길에.

He was an interesting talker. A man who had traveled all over the world, and lived in half a dozen countries.
그는 재미난 이야기를 잘하는 사람이었다. 전 세계를 여행했고, 6개국에서 살았던 사람.

이 두 개의 예 각각에서 첫 번째 마침표는 쉼표로 바꿔주고, 그 바로 다음 낱말의 첫 글자는 소문자로 써야 한다.
어떤 낱말이나 구절을 문장의 목적에 맞게 강조하고자 할 때에는 그런 의도에 어울리는 구두점 운용을 하는 것이 허용될 수 있다.

**Again and again he called out. No reply.**
**그는 거듭해서 외쳤다. 응답이 없다고.**

다만 글을 쓰는 사람은 그와 같이 강조하는 것이 정당화될 수 있고, 구두점 운용에서 잘못을 저지른 것 아니냐는 의심을 받게 되지 않으리라고 확신할 수 있어야 한다.

규칙 3, 4, 5, 6번은 보통의 문장에서 이용되는 구두법의 가장 중요한 원칙들에 관한 것이다. 이들 규칙은 철저하게 익혀서 그 적용이 제2의 천성과 같은 것이 되도록 해야 한다.

# 07
## 문장의 맨 앞에 놓이는 분사구는 문법상의 주어와 연관된 것이어야 한다

Walking slowly down the road, he saw a woman accompanied by two children.
길을 천천히 걸어가던 중에 그는 어떤 여자가 두 아이를 데리고 가는 것을 보았다.

여기서 walking이라는 낱말은 a woman과 관련된 것이 아니라 이 문장의 주어와 관련된 것이다. 그런데 이 문장을 쓴 사람이 walking이라는 낱말로 a woman의 행동을 가리키고자 한다면 그런 의도에 맞게 문장 전체를 다시 써야 한다.

He saw a woman, accompanied by two children, walking slowly down the road.
그는 두 아이를 데리고 길을 천천히 걸어가는 어떤 여자를 보았다.

접속사나 전치사가 이끄는 분사구, 동격의 명사, 형용사, 형용구의 경우에도 문장의 맨 앞에 놓일 경우에는 위와 같은 규칙에 따라야 한다.

On arriving in Chicago, his friends met him at the station.
시카고에 도착하자마자 그의 친구들이 역에서 그를 마중했다.
➜ When he arrived (or, On his arrival) in Chicago, his friends met him at the station.♠
그가 시카고에 도착했을 때 그의 친구들이 역에서 그를 마중했다.

A soldier of proved valor, they entrusted him with the defence of the city.
용맹함이 입증된 병사, 그들은 그에게 도시를 방위하는 임무를 맡겼다.
➜ A soldier of proved valor, he was entrusted with the defence of the city.
용맹함이 입증된 병사, 그는 도시를 방위하는 임무를 맡게 됐다.

Young and inexperienced, the task seemed easy to me.
어리고 경험이 부족하지만, 그 과제는 나에게 쉬운 일로 여겨졌다.

---

♠ 규칙을 지키면서 보다 간단하게 쓴다면 다음과 같이 쓸 수도 있다.
   On arriving in Chicago, he was met at the station by his friends.

→ Young and inexperienced, I thought the task easy.
어리고 경험이 부족하지만, 나는 그 과제가 쉬운 일이라고 생각했다.

Without a friend to counsel him, the temptation proved irresistible.
그에게 조언을 해줄 친구가 없는 탓에 그 유혹은 뿌리칠 수 없는 것으로 드러났다.

→ Without a friend to counsel him, he found the temptation irresistible.
그에게 조언을 해줄 친구가 없는 탓에 그는 그 유혹이 뿌리칠 수 없음을 알게 됐다.

이 규칙을 위반한 문장은 우스꽝스러운 경우가 많다.

Being in a dilapidated condition, I was able to buy the house very cheap.
남루한 상태였기에 나는 그 집을 아주 싸게 살 수 있었다.

# 08
## 줄바꿈을 할 때 낱말을 쪼개야 한다면 낱말의 구성과 발음에 따라 쪼갠다

줄(행)의 끝에 하나 이상의 음절을 쓸 수는 있지만 하나의 낱말 전부를 쓰지는 못하는 정도의 여유공간만 있게 될 경우에는 그 낱말을 쪼개야 한다. 그러나 낱말을 쪼개야 한다고 해서 긴 낱말에서 단 하나의 문자만을 잘라 내거나 무턱대고 두 개의 문자만을 잘라 내서는 안 된다. 이에 대해서는 모든 낱말에 두루 적용되는 엄격한 규칙을 설정할 수 없다. 가장 일반적으로 적용될 수 있는 원칙은 다음과 같다.

### a. 낱말을 그 구성요소에 따라 분할하라

know-ledge (knowl-edge로 분할해서는 안 된다)
Shake-speare (Shakes-peare로 분할해서는 안 된다)
de-scribe (des-cribe로 분할해서는 안 된다)
atmo-sphere (atmos-phere로 분할해서는 안 된다)

### _b. 모음 다음에서 분할하라_

edi-ble (ed-ible로 분할해서는 안 된다)

propo-sition

ordi-nary

espe-cial

reli-gious

oppo-nents

regu-lar

classi-fi-ca-tion (세 군데에서 분할할 수 있다)

deco-rative

presi-dent


### _c. 중복된 문자의 중간에서 분할하라. 단 형태가 간단한 낱말의 끝에 오는 중복된 문자의 경우에는 이렇게 하지 않는다._

Apen-nines

Cincin-nati

refer-ring

tell-ing (간단한 낱말의 예)

자음과 자음이 이어진 부분을 어떻게 처리해야 하는지는 예를 드는 것이 가장 좋은 설명이 될 것이다.

for-tune

pic-ture

presump-tuous

illus-tration

sub-stan-tial (두 군데 중 어디에서 분할해도 된다)

indus-try

instruc-tion

sug-ges-tion

incen-diary

배우는 학생의 입장에서는 주의 깊게 인쇄된 책이라면 그 어떤 책이든 그 안의 여러 쪽에 걸쳐 음절분할(syllable-division)이 어떻게 돼있는지를 살펴보는 것이 좋겠다.

# 문장구성의
# 기본원칙

# 09
## 패러그래프를 글짓기의 단위로 삼아라
_ 각 토픽당 한 패러그래프씩

당신이 어떤 주제에 대해 글을 쓰고 있는데 그 주제의 범위가 그리 넓지 않거나 그 주제를 아주 간략하게만 다루려고 한다면 쓰는 글을 둘 이상의 토픽(topic; 주제, 논제)으로 나눠줄 필요가 없다고 할 수 있다. 따라서 간단한 묘사, 어느 한 문학작품의 간단한 요약, 하나의 사건에 대한 간략한 설명, 어떤 행위의 개요만을 전하는 이야기, 단 한 가지 생각의 제시 등은 단 하나의 패러그래프(paragraph; 문단, 단락)로 쓰는 것이 가장 좋다. 그 패러그래프를 일단 쓰고 난 다음에 분할을 하면 그것이 더 나아질 것인지의 여부를 검토하라.

그러나 보통은 하나의 주제에 대해 글을 쓰려면 그것을 두 개 이상의 토픽으로 나눠주어야 할 필요가 있다. 이때 토픽 하나하나는 각각 하나의 패러그래프로 다루어야 한다. 토픽 하나하나를 각각 그 자체의 별도 패러그래프로 다루는 목적은 물론 글을 읽을 사람에게 도움을 주려는 것이다. 새로운 패러그래프가 시작되는 것은 그때마다 글의 주제에 대한 서술이 전개되는 과정에서 새로운 단계에 도달했다는 신호를 글을 읽는 사람에게 주게 된다.

분할(subdivision)을 얼마나 많이 할 것인지는 쓰는 글의 길이에 따라 다를 것이다. 예를 들어 어떤 책이나 시에 대한 짧은 논평은 단 하나의 패러그래프로 써도 된다. 그런 논평의 글이 조금 더 긴 경우에는 다음과 같이 두 개의 패러그래프로 그것을 구성하면 될 것이다.

A. Account of the work (작품에 대한 설명)
B. Critical discussion (비판적인 논의)

문학 과목의 강의에서 발표하거나 제출하기 위해 어떤 시에 관한 리포트를 쓰는 경우라면 그 리포트는 다음과 같은 일곱 개의 패러그래프로 구성하면 될 것이다.

A. Facts of composition and publication (시의 창작 및 발표와 관련된 사실들)
B. Kind of poem; metrical form (시의 종류, 운율의 형태)
C. Subject (주제)
D. Treatment of subject (주제가 다루어진 방식과 내용)
E. For what chiefly remarkable (주로 어떤 점에서 주목할 만한가)
F. Wherein characteristic of the writer (시를 쓴 사람의 특징은

어디에 표현돼있는가)

G. Relationship to other works (다른 작품들과의 관련성)


패러그래프 C와 D의 내용은 다루는 시에 따라 달라질 것이다. 시의 창작과 관련된 실제의 환경이나 상상된 환경(즉 배경상황, situation)에 대한 설명이 필요하다면 보통은 패러그래프 C에서 그러한 설명을 한 뒤에 주제가 무엇인지를 진술하고 그 주제에 대해 전개할 논의의 개요를 제시하면 된다. 그러나 시가 시종일관 3인칭의 서술로 돼있다면 패러그래프 C에 줄거리의 간결한 요약 이상의 것을 담을 필요가 없다. 패러그래프 D에서는 시의 주된 사상이나 관념이 무엇인지를 밝히고 왜 그것이 중요한 것으로 취급됐는지를 보이거나 시에서 어떤 점이 주로 강조됐는지를 설명한다.

소설에 대한 논의는 다음과 같이 구성할 수 있다.


A. Setting (설정)

B. Plot (줄거리)

C. Characters (등장인물)

D. Purpose (목적)


역사적인 사건에 대한 논의는 다음과 같이 구성할 수 있다.

A. What led up to the event (사건이 발생한 경위)
B. Account of the event (사건에 대한 설명)
C. What the event led up to (사건이 초래한 결과)

    방금 이야기한 두 개의 주제 가운데 어느 것을 다루더라도 그 글을 쓰는 사람은 아마도 위와 같은 네 개 또는 세 개의 토픽 가운데 하나 또는 둘 이상에 대한 서술을 추가로 분할하는 게 필요하다고 느낄 것이다.

    일반적으로 단 하나의 문장만으로 패러그래프를 구성해서는 안 된다. 다만 설명이나 주장의 일부가 다른 일부와 어떤 관계에 있는지를 보이기 위한 연결문장(sentence of transition)은 예외가 될 수 있다.

    대화문에서는 각각의 발언이 그 자체로 하나의 패러그래프가 되며, 이는 발언이 단 하나의 낱말로 이루어진 경우에도 마찬가지다. 즉 발언자가 바뀔 때마다 새로운 패러그래프가 시작되는 것이다. 대화와 서술이 결합된 경우에 이 규칙이 어떻게 적용되는지를 알고 싶다면 잘 씌어지고 편집된 소설작품을 읽어보는 것이 가장 좋은 방법이다.

# 10
# 일반적으로 각 패러그래프는 하나의 주제문장으로 시작하고 그것에 대응하는 문장으로 끝내라

이 규칙도 글을 읽는 사람을 돕는 데 그 목적이 있다. 이 규칙이 권고하는 대로 하면 글을 읽는 사람이 각 패러그래프를 읽기 시작할 때 곧바로 그 패러그래프의 논지를 알아차릴 수 있게 되고, 그 패러그래프 읽기를 마치면서 그 논지를 마음속에 담아두게 된다. 이런 이유로 특히 설명이나 논의를 하기 위한 글을 비롯한 각종의 글에서 가장 일반적으로 활용되는 패러그래프 구성은 ① 첫머리 또는 그 근처에 주제문장(topic sentence)이 놓이고 ② 그 다음에 이어지는 문장들은 주제문장에서 진술된 내용을 설명하거나 입증하거나 발전시키며 ③ 마지막 문장은 주제문장의 취지를 강조하거나 어떤 중요한 결론을 진술하는 형태다.

맥락에서 벗어난 문장이나 중요하지 않은 세세한 내용의 문장으로 패러그래프를 끝내는 것은 특히 피해야 한다.

만약 쓰려는 패러그래프가 보다 긴 글의 일부인 경우에는 그 패러그래프가 그 앞의 패러그래프와 어떤 관계를 갖고 있는지, 또는 글 전체의 일부로서 그 패러그래프가 어떤 기능을 하는지를 밝혀줄 필요가 있을 수 있다. 이런 일은 주제문장 속에 단 하나의 낱말이나 구(예를 들어 again, therefore, for the same reason과 같은 것)를 넣어주는 것만으로 이루어지는 경우도 많다. 그러나 때로는 주제문장의 앞에 하나 또는 둘 이상의 도입문장(sentence of introduction)이나 연결문장을 써주는 것이 편리하다. 그러나 만약에 이러한 문장이 둘 이상 필요하다면 일반적으로 그 가운데 연결문장은 별도의 패러그래프로 분리시키는 것이 낫다.

글을 쓰는 사람의 논지에 따라서는 앞에서 설명한 바와 같이 하나 또는 둘 이상의 상이한 방법으로 패러그래프의 본문을 주제문장에 연결시킬 수 있다. 즉 주제문장을 다른 형태로 다시 진술하거나, 사용된 용어를 정의해주거나, 반대되는 것을 부정하거나, 예증이나 구체적인 사례를 제시함으로써 주제문장의 의미가 보다 분명하게 드러나게 할 수 있다. 또는 증거를 통해 주제문장의 내용을 입증할 수도 있고, 주제문장의 함의와 그에 따른 결과를 밝힘으로써 주제문장에서 진술된 것을 발전시킬 수도 있다. 긴 패러그래프에서는 이런 방법 가운데 여러 개를 이용할 수 있다.

1. **Now, to be properly enjoyed, a walking tour should be gone upon alone.**
   그런데 도보여행을 제대로 즐기려면 혼자서 도보여행을 해야 한다.
   (→ 주제문장)

2. If you go in a company, or even in pairs, it is no longer a walking tour in anything but name; it is something else and more in the nature of a picnic.

여러 사람과 함께 집단으로 도보여행을 하거나 누군가와 둘이서 도보여행을 한다면 그것은 이름만 도보여행일 뿐 더 이상 도보여행이 아니다. 그것은 도보여행과는 다른 어떤 것이며, 소풍의 성격을 더 많이 가진 것이다.

**(→반대되는 것을 부정하는 것을 통해 주제문장의 의미가 더 분명해졌다.)**

3. A walking tour should be gone upon alone, because freedom is of the essence; because you should be able to stop and go on, and follow this way or that, as the freak takes you; and because you must have your own pace, and neither trot alongside a champion walker, nor mince in time with a girl.

도보여행은 혼자 해야 한다. 왜냐하면 자유가 도보여행의 본질이기 때문이고, 도중에 마음에 일어나는 변덕에 따라 멈춰 설 수도 계속 걸어갈 수도 있고 이 길로 갈 수도 저 길로 갈 수도 있어야 하기 때문이며, 걷기의 달인과 나란히 가느라 빨리 걷거나 같이 가는 여자의 걷는 속도에 맞추느라 점잔을 빼며 걷거나 하지 않고 자기 나름의 속도로 걸어가야 하기 때문이다.

(→ 주제문장이 축약된 형태로 다시 진술됐고, 세 가지 이유에 의해 뒷받침됐다. 세 번째 이유(you must have your own pace, 자기 나름의 속도로 걸어가야 하기 때문)는 반대되는 것을 부정하는 것에 의해 그 의미가 보다 분명해졌다.)

4. And you must be open to all impressions and let your thoughts take colour from what you see.

그리고 마음을 열고 느껴지는 모든 것을 받아들여야 하고, 자신의 생각이 눈으로 보게 되는 것에 의해 채색되도록 해야 한다.

(→ 네 번째 이유가 두 가지 방식으로 진술됐다.)

5. You should be as a pipe for any wind to play upon.

그 어떤 바람에도 소리를 내는 피리처럼 돼야 한다.

(→ 같은 이유가 또 다른 방식으로 진술됐다.)

6. "I cannot see the wit," says Hazlitt, "of walking and talking at the same time.

"걸으면서 동시에 말도 하는 것이 뭐가 좋은지를 나는 알 수가 없다"고 해즐릿은 말한다.

7. "When I am in the country, I wish to vegetate like the country,"

which is the gist of all that can be said upon the matter.

"나는 시골에 있을 때에는 시골 그 자체처럼 유유자적하고 싶다"는 그의 말은 이 문제에 대해 이야기될 수 있는 모든 것의 핵심이다.

(→ (6~7)같은 이유가 해즐릿의 진술로 반복됐다.)


8. There should be no cackle of voices at your elbow, to jar on the meditative silence of the morning.

    명상하기 좋은 아침의 고요함을 깨뜨리는 떠들썩한 목소리가 바로 곁에서 나서는 안 된다.

    (→ 인용된 해즐릿의 말이 다른 표현으로 반복됐다.)


9. And so long as a man is reasoning he cannot surrender himself to that fine intoxication that comes of much motion in the open air, that begins in a sort of dazzle and sluggishness of the brain, and ends in a peace that passes comprehension.— Stevenson, Walking Tours.

    그리고 인간은 이성적으로 사유하는 한, 야외의 많은 움직임에서 초래되는 쾌적한 도취, 즉 일종의 현혹과 두뇌의 나태에서 시작되고 이해할 수 없는 평안함으로 끝나는 도취에는 굴복하게 되지 않는다. — 스티븐슨, 《도보여행》

(→증폭되고 고조된 언어로 네 번째 이유가 마지막으로 진술되면서 강력한 결말이 이루어졌다.)

1. It was chiefly in the eighteenth century that a very different conception of history grew up.
   역사에 대한 아주 다른 관념이 생겨난 것은 주로 18세기였다.
   (→주제문장.)

2. Historians then came to believe that their task was not so much to paint a picture as to solve a problem; to explain or illustrate the successive phases of national growth, prosperity, and adversity.
   그때 역사가들은 자신들이 해야 할 일이 그림을 그리는 것이기보다는 문제를 푸는 것, 즉 민족별로 성장, 번영, 역경이 이어지는 연속적인 단계들을 설명하거나 예증하는 것이라고 믿게 됐다.
   (→주제문장의 의미가 보다 분명해졌다. 즉 역사에 대한 새로운 관념이 정의됐다.)

3. The history of morals, of industry, of intellect, and of art; the changes that take place in manners or beliefs; the dominant ideas that prevailed in successive periods; the rise, fall, and

modification of political constitutions; in a word, all the conditions of national well-being became the subjects of their works.

도덕, 산업, 지식, 공예의 역사, 풍속이나 신앙에 일어나는 변화, 이어져온 시대별로 지배적이었던 사상, 각종 정치체제의 흥망과 수정 등 한마디로 말해 민족별 복리의 모든 조건이 그들의 연구주제가 됐다.

(→ 정의가 확장됐다.)


4. They sought rather to write a history of peoples than a history of kings.

그들은 왕들의 역사를 쓰기보다는 민중의 역사를 쓰고자 했다.

(→ 대조법에 의해 정의가 설명됐다.)


5. They looked especially in history for the chain of causes and effects.

그들은 역사에서 특히 원인과 결과의 사슬을 찾았다.

(→ 정의가 보완됐다. 즉 역사에 대한 새로운 관념의 구성요소가 또 하나 제시됐다.)


6. They undertook to study in the past the physiology of nations,

and hoped by applying the experimental method on a large scale to deduce some lessons of real value about the conditions on which the welfare of society mainly depend.—Lecky, The Political Value of History.

그들은 과거를 돌아보며 민족의 생리학을 연구하기 시작했고, 실험적 방법을 폭넓게 적용하는 것을 통해 사회의 복리가 주로 의존하는 조건에 관해 실질적인 가치가 있는 어떤 교훈을 도출하게 되기를 바랐다. — 레키,《역사의 가치》

(→ **결론. 역사에 대한 새로운 관념이 낳은 하나의 중요한 결과가 제시됐다.**)

이야기체 서술과 묘사에서는 패러그래프가 간결하고 포괄적인 진술로 시작되는 경우가 많은데, 이런 진술은 그 뒤에 나오는 세부적인 내용들을 하나로 엮어주는 기능을 한다.

The breeze served us admirably.
바람은 우리에게 크게 도움이 되는 순풍이었다.
The campaign opened with a series of reverses.
그 작전은 처음에는 실패의 연속이었다.
The next ten or twelve pages were filled with a curious set of entries.

그 뒤로 열 내지 열두 페이지는 무슨 장부 같은 것으로 가득 차있었다.

그러나 이런 장치는 너무 자주 사용되면 매너리즘(mannerism)이 되고 만다. 보다 일반적인 방식은 첫 문장에서 그 주어에 해당하는 사람의 행위를 통해 해당 패러그래프가 주로 무엇과 관련된 것인지를 알리는 것이다.

At length I thought I might return towards the stockade.
마침내 나는 방책이 서있는 곳으로 돌아갈 수 있겠다고 생각했다.
He picked up the heavy lamp from the table and began to explore.
그는 식탁 위에 놓여있던 무거운 램프를 집어 들고는 탐색을 하기 시작했다.
Another flight of steps, and they emerged on the roof.
계단을 한 층 더 올라가자 그들은 지붕 위로 나가 설 수 있게 됐다.

그러나 짧은 패러그래프들이 이어지는 생생한 이야기체 서술은 이런 정도의 주제문장 비슷한 것조차 갖고 있지 않은 경우가 종종 있다. 이런 경우에는 패러그래프가 바뀌는 것 자체가 수사학적으로 쉼표의 기능을 하면서 어떤 행위의 세부적인 내용을 부각시킨다.

# 11 능동태를 사용하라

일반적으로 수동태(passive voice)보다 능동태(active voice)가 더 직접적이고 힘차다.

> I shall always remember my first visit to Boston.
> 나는 나의 첫 보스턴 방문을 언제나 기억할 것이다.

이 문장이 다음 문장보다 훨씬 낫다.

> My first visit to Boston will always be remembered by me.
> 나의 첫 보스턴 방문은 언제나 나에 의해 기억될 것이다.

뒤의 문장은 덜 직접적이고, 덜 대담하고, 덜 간결하다. 글을 쓰는 사람이 뒤의 문장에서 'by me(나에 의해)'를 제거해서 그 문장을 보다 간결하게 만들고자 한다면 다음과 같이 쓰게 될 것이다.

My first visit to Boston will always be remembered.
나의 첫 보스턴 방문은 언제나 기억될 것이다.

그런데 이렇게 하면 문장이 불분명해진다. 첫 보스턴 방문을 언제나 기억하겠다는 주체가 글을 쓰는 사람, 아직 드러나지 않은 어떤 사람, 일반적인 세상사람 가운데 누구인가?

이 규칙이 수동태를 전혀 사용하지 말아야 한다는 의미는 물론 아니다. 수동태가 편리한 경우도 종종 있고, 때로는 수동태가 필요하다.

The dramatists of the Restoration are little esteemed today.
왕정복고 시대의 극작가는 오늘날 별로 존중되지 않는다.
Modern readers have little esteem for the dramatists of the Restoration.
현대의 독자들은 왕정복고 시대의 극작가를 별로 존중하지 않는다.

왕정복고 시대의 극작가에 초점을 맞춘 패러그래프에는 앞의 문장이 알맞을 것이고, 현대의 독자들이 갖고 있는 취향에 초점을 맞춘 패러그래프에는 뒤의 문장이 알맞을 것이다. 특정한 낱말을 문장의 주어로 삼아야 할 필요성이 이 예에서처럼 능동태와 수동태 가운데 어느 것을 사용할지를 결정하는 경우가 흔히 있다.

그러나 능동태를 습관적으로 사용해야 힘이 있는 글을 쓰게 된다. 주로 행위와 관련이 있는 이야기체 서술에서만 그런 것이 아니고 모든 종류의 글에서 그렇다. 묘사나 설명의 문장 가운데 따분하게 느껴지는 것은 많은 경우에 there is나 could be heard와 같은 딱딱한 표현을 능동태의 타동사로 바꿔주는 것을 통해 생기가 있고 힘이 느껴지는 문장으로 만들 수 있다.

There were a great number of dead leaves lying on the ground.
많은 낙엽이 땅에 깔려 있었다.
➔ Dead leaves covered the ground.
낙엽이 땅을 뒤덮고 있었다.

The sound of the falls could still be heard.
폭포의 소리가 여전히 들렸다.
➔ The sound of the falls still reached our ears.
폭포의 소리가 여전히 우리의 귀에 닿았다.

The reason that he left college was that his health became impaired.

그가 대학을 그만둔 이유는 그의 건강이 나빠진 데 있었다.

➔ Failing health compelled him to leave college.

나빠진 건강이 그로 하여금 대학을 그만두게 했다.

It was not long before he was very sorry that he had said what he had.

그가 자신이 한 말을 크게 후회하게 되기까지는 그리 오래 걸리지 않았다.

➔ He soon repented his words.

그는 자신이 한 말을 곧 후회했다.

일반적으로 말해, 수동태가 수동태에 종속되게 하지 말라.

Gold was not allowed to be exported.

금은 수출되는 것이 허용되지 않았다.

➔ It was forbidden to export gold (The export of gold was prohibited).

금을 수출하는 것은 금지됐다. (금 수출은 금지됐다.)

He has been proved to have been seen entering the building.

그가 그 건물에 들어가는 것이 목격됐음이 입증됐다.

➔ It has been proved that he was seen to enter the building.

그가 그 건물에 들어가는 것이 목격됐음이 입증됐다.

위의 두 예에서 수정하기 전에는 두 번째 수동태의 주어가 돼야 할 낱말이 첫 번째 수동태의 주어가 돼있었다는 데 주목하라.

행위의 전부를 표현하는 명사를 수동태 구문의 주어로 사용하는 것은 흔히 저질러지는 오류다. 이렇게 하면 동사에는 문장을 완성하는 기능 외에는 아무런 기능도 남아있지 않게 된다.

A survey of this region was made in 1900.
이 지역에 대한 조사는 1900년에 이루어졌다.
➔ This region was surveyed in 1900.
이 지역은 1900년에 조사됐다.

Mobilization of the army was rapidly carried out.
군대의 동원이 신속하게 수행됐다.
➔ The army was rapidly mobilized.
군대가 신속하게 동원됐다.

Confirmation of these reports cannot be obtained.

이 보고에 대한 확인은 얻어질 수 없다.

➜ These reports cannot be confirmed.

이 보고는 확인될 수 없다.

위에서 예시된 "The export of gold was prohibited"(금의 수출은 금지됐다)라는 문장을 비교 삼아 검토해보라. 그 문장에서는 'was prohibited'(금지된다)라는 술어가 'export'(수출)라는 주어에 들어있지 않은 것을 추가로 말해준다.

# 12
## 긍정적인 형태로 진술하라

분명하게 주장하라. 힘이 없고, 흐리멍덩하고, 주저하고, 어물쩍거리는 언어를 피하라. not이라는 낱말은 무엇인가를 부정하기 위한 수단으로나, 또는 무엇인가에 반대하는 진술 속에서나 사용하고, 둘러대거나 발뺌하는 수단으로는 사용하지 말라.

He was not very often on time.

그는 약속을 지키는 경우가 그리 많지 않았다.

➔ He usually came late.

그는 대개 약속시간보다 늦게 나타났다.


He did not think that studying Latin was much use.

그는 라틴어를 배우는 것이 크게 도움이 된다고 생각하지 않았다.

➔ He thought the study of Latin useless.

그는 라틴어를 배우는 것이 쓸모없다고 생각했다.

The Taming of the Shrew is rather weak in spots. Shakespeare does not portray Katharine as a very admirable character, nor does Bianca remain long in memory as an important character in Shakespeare's works.

《말괄량이 길들이기》는 여기저기 약점이 있는 편이다. 셰익스피어가 캐서린을 크게 흠모할 만한 인물로 그리지도 않았고, 비앙카가 셰익스피어의 작품에 나오는 중요한 등장인물 가운데 하나로 오래도록 사람들의 기억에 남지도 않았다.

➧ The women in The Taming of the Shrew are unattractive. Katharine is disagreeable, Bianca insignificant.

《말괄량이 길들이기》에 등장하는 여자들은 매력이 없다. 캐서린은 불쾌한 인물이고, 비앙카는 하찮은 인물이다.

방금 든 예에서 수정하기 전의 문장은 부정적인 표현으로 돼있을 뿐만 아니라 불분명하다. 따라서 뒤의 문장은 작가가 의도한 바에 대한 추측을 토대로 수정해본 것일 뿐이다.

위의 세 가지 예는 모두 not이라는 낱말에 내재된 취약점을 보여준다. 의식적으로든 무의식적으로든 독자는 '무엇이 아니다'라는 말만 듣고서는 만족하지 못한다. 독자는 '무엇이다' 라는 말을 듣고 싶어 한다. 그러므로 일반적으로 부정도 긍정문의 형태로 표현하는 것이 낫다.

not honest

정직하지 않은

➔ dishonest

   부정직한, 속이는


not important

중요하지 않은

➔ trifling

   사소한, 하찮은


did not remember

기억하지 못했다

➔ forgot

   잊어버렸다


did not pay any attention to

조금도 주목하지 않았다

➔ ignored

   무시했다

did not have much confidence in

별로 신뢰하지 않았다

➔ distrusted

불신했다

부정과 긍정을 대조시키는 문장은 힘이 있다.

Not charity, but simple justice.

자선이 아니라 정의일 뿐이다.

Not that I loved Caesar less, but Rome the more.

내가 카이사르를 덜 사랑하는 것이 아니라 로마를 더 사랑하는 것이다.

not 이외의 부정어(negative word)는 대체로 강력하다.

The sun never sets upon the British flag.

영국의 국기 위로는 결코 해가 지지 않는다.

# 13
# 불필요한 낱말을 제거하라

힘이 있는 글은 간결하다. 그림에 불필요한 선이 들어가서는 안 되고 기계에 불필요한 부품이 들어가서는 안 되는 것과 똑같은 이유에서 문장에 불필요한 낱말이 들어가서는 안 되고 패러그래프에 불필요한 문장이 들어가서는 안 된다. 이는 글을 쓰는 사람에게 모든 문장을 짧게 써야 한다거나 세부적인 것은 모두 피하고 주제를 단지 개략적으로만 다뤄야 한다고 요구하는 것이 아니라 낱말 하나하나가 다 나름대로 의미가 있고 역할이 있어야 한다고 요구하는 것이다.

통상적으로 사용되는 표현 가운데 이 원칙에 위배되는 것이 많다.

the question as to whether

~이냐 아니냐에 관한 문제

➜ whether (the question whether)

~이냐 아니냐 (~이냐 아니냐는 문제)

there is no doubt but that

의문의 여지가 없이 오직 ~

➜ no doubt (doubtless)

   틀림없이


used for fuel purposes

연료라는 용도로 사용된

➜ used for fuel

   연료로 사용된


he is a man who

그는 ~한 사람이다

➜ he is

   그는 ~다


in a hasty manner

성급한 태도로

➜ hastily

   성급하게


this is a subject which

이것은 ~라는 주제다

➜ this subject

　이 주제는 ~다


His story is a strange one.

그의 이야기는 생소한 것이다

➜ His story is strange.

　그의 이야기는 생소하다


특히 the fact that(~라는 사실)이라는 표현은 어느 문장에 나오든 그 문장에서 빼버리고 다른 표현으로 수정해야 한다.


owing to the fact that

~라는 사실 때문에

➜ since (because)

　~이므로(~이기 때문에)


in spite of the fact that

~라는 사실에도 불구하고

➜ though (although)

　~임에도 불구하고(그럼에도 불구하고)

call your attention to the fact that

~라는 사실에 당신이 주목하기를 바란다

➤ remind you (notify you)

　~임을 당신에게 상기시킨다(알린다)


I was unaware of the fact that

나는 ~라는 사실을 알지 못했다

➤ I was unaware that (did not know)

　나는 ~임을 알지 못했다(몰랐다)


the fact that he had not succeeded

그가 성공하지 못했다는 사실

➤ his failure

　그의 실패


the fact that I had arrived

내가 도착했다는 사실

➤ my arrival

　나의 도착


V장에서 case, character, nature, system에 대해 설명한 부분도

읽어보라.

Who is, which was나 이와 비슷한 표현들도 불필요한 군더더기인 경우가 많다.

His brother, who is a member of the same firm
같은 회사의 일원인 사람인 그의 형제
➔ His brother, a member of the same firm
　같은 회사의 일원인 그의 형제

Trafalgar, which was Nelson's last battle
넬슨의 마지막 전장이었던 장소인 트라팔가
➔ Trafalgar, Nelson's last battle
　넬슨의 마지막 전장이었던 트라팔가

긍정문이 부정문보다 더 간결하고 능동태가 수동태보다 더 간결하므로 규칙 11과 규칙 12를 설명하기 위해 제시된 예 가운데 다수가 이 규칙에도 예가 된다.

간결해야 한다는 규칙에 위반되는 흔한 경우로, 단 하나의 복잡한 생각을 한 걸음씩 단계적으로 나아가면서 일련의 여러 문장들로 풀어냈지만 그 여러 문장들을 한 문장으로 결합시키는 게 더 나은 경우가 있다.

Macbeth was very ambitious. This led him to wish to become king of Scotland. The witches told him that this wish of his would come true. The king of Scotland at this time was Duncan. Encouraged by his wife, Macbeth murdered Duncan. He was thus enabled to succeed Duncan as king. (51 words.)

맥베스는 매우 야심적이었다. 이로 인해 그는 스코틀랜드의 왕이 되고 싶다는 생각을 갖게 됐다. 마녀들은 그에게 이런 그의 원망은 실현될 것이라고 말했다. 이때 스코틀랜드의 왕은 덩컨이었다. 맥베스는 아내의 부추김을 받아 덩컨을 죽였다. 그는 이렇게 해서 덩컨에 이어 왕이 될 수 있었다. (51자)

➜ Encouraged by his wife, Macbeth achieved his ambition and realized the prediction of the witches by murdering Duncan and becoming king of Scotland in his place. (26 words.)

맥베스는 아내의 부추김을 받아 덩컨을 죽여서 그 대신으로 스코틀랜드의 왕이 됨으로써 자신의 야망을 달성하고 마녀들의 예언을 실현시켰다. (26자)

# 14
# 산열문을 연거푸 이어쓰지 말라

이 규칙은 특히 특정한 유형의 산열문(loose sentence), 즉 두 개의 대등절(co-ordinate clause)로 구성된 문장인데 두 번째 절이 접속사나 관계사로 시작되는 산열문을 연거푸 이어쓰지 말라는 것이다. 단 하나의 문장이 이런 유형으로 돼있는 경우는 새로이 별도로 거론할 만한 것이 아닌지도 모르겠지만(규칙 4를 보라), 이런 유형의 문장이 거듭되면 곧 단조롭고 따분한 느낌을 준다.

글 쓰는 솜씨가 모자란 사람은 종종 이런 종류의 문장으로 패러그래프 전부를 구성한다. 예를 들어 연결어로 and와 but을 사용하고, 이 두 낱말보다는 사용하는 빈도가 낮기는 하지만 who, which, when, where, while을 비한정적인 의미로 사용하면서 그렇게 하곤 한다(규칙 3을 보라).

The third concert of the subscription series was given last evening, and a large audience was in attendance. Mr. Edward Appleton was the soloist, and the Boston

Symphony Orchestra furnished the instrumental music. The former showed himself to be an artist of the first rank, while the latter proved itself fully deserving of its high reputation. The interest aroused by the series has been very gratifying to the Committee, and it is planned to give a similar series annually hereafter. The fourth concert will be given on Tuesday, May 10, when an equally attractive programme will be presented.

어제 저녁에 예약제 시리즈의 세 번째 콘서트가 열렸고, 관객이 많이 왔다. 에드워드 애플턴 씨가 독창을 했고, 보스턴 심포니 오케스트라가 기악을 맡았다. 애플턴 씨는 자신이 일류의 예술가임을 보여주었고, 보스턴 심포니 오케스트라도 자신의 높은 명성에 걸맞은 실력을 갖추고 있음을 스스로 입증했다. 이 시리즈가 불러일으킨 관심에 위원회가 크게 흡족해했고, 앞으로 이와 유사한 시리즈를 연례적으로 열기로 계획됐다. 네 번째 콘서트는 5월 10일 화요일에 열릴 예정인데, 그때에도 마찬가지로 매력적인 프로그램이 펼쳐질 것이다.

진부하고 공허하다는 점을 제쳐놓고 보아도 위 패러그래프는 기계적인 대칭성과 단조로움을 드러내는 문장구조로 인해 좋지 않은 글이 됐다. 이 패러그래프의 문장들을 규칙 10에서 인용된 패러그래프의 문장이나 《허영의 시장》의 머리말♣과 같은 훌륭한 영어 산문과 비교해보라.

글을 쓰는 사람이 방금 설명된 유형의 문장을 연속해서 썼음을 스스로 알아차리게 된다면 단조로움을 제거하기 위해 충분하다 싶을 정도로 그것을 고쳐 써야 한다. 그 방법은 그것을 단순한 문장(단문, simple sentence), 두 개의 구절을 세미콜론으로 이어준 문장, 두 개의 구절로 구성된 도미문장, 세 개의 구절로 구성된 산열문장이나 도미문장 등 어떤 것이든 생각하고 있는 것의 실제 관계를 가장 잘 드러내주는 표현으로 바꿔주는 것이다.

♠ 《허영의 시장(Vanity Fair)》은 영국의 소설가인 윌리엄 메이크피스 새커리(1811~1863)가 쓴 장편소설이다. 그 머리말의 영어 원문과 번역은 다음과 같다.

BEFORE THE CURTAIN

As the manager of the Performance sits before the curtain on the boards and looks into the Fair, a feeling of profound melancholy comes over him in his survey of the bustling place. There is a great quantity of eating and drinking, making love and jilting, laughing and the contrary, smoking, cheating, fighting, dancing and fiddling; there are bullies pushing about, bucks ogling the women, knaves picking pockets, policemen on the look-out, quacks (OTHER quacks, plague take them!) bawling in front of their booths, and yokels looking up at the tinselled dancers and poor old rouged tumblers, while the light-fingered folk are operating upon their pockets behind. Yes, this is VANITY FAIR; not a moral place certainly; nor a merry one, though very noisy. Look at the faces of the actors and buffoons when they come off from their business; and Tom Fool washing the paint off his cheeks before he sits down to dinner with his wife and the little Jack Puddings behind the canvas. The curtain will be up presently, and he will be turning over head and heels, and crying, "How are you?"

A man with a reflective turn of mind, walking through an exhibition of this sort, will not be oppressed, I take it, by his own or other people's hilarity. An episode of humour or kindness touches and amuses him here and there—a pretty child looking at a gingerbread stall; a pretty girl blushing whilst her lover talks to her and chooses her fairing; poor Tom Fool, yonder behind the waggon, mumbling his bone with the honest family which lives by his tumbling; but the general impression is one more melancholy than mirthful. When you come home you sit down in a sober, contemplative, not uncharitable frame of mind, and apply yourself to your books or your business.

I have no other moral than this to tag to the present story of "Vanity Fair." Some people consider Fairs immoral altogether, and eschew such, with their servants and families: very likely they are right. But persons who think otherwise, and are of a lazy, or a benevolent, or a sarcastic mood, may perhaps like to step in for half an hour, and look at the performances. There are scenes of all sorts; some dreadful combats, some grand and lofty horse–riding, some scenes of high life, and some of very middling indeed; some love–making for the sentimental, and some light comic business; the whole accompanied by appropriate scenery and brilliantly illuminated with the Author's own candles.

What more has the Manager of the Performance to say?—To acknowledge the kindness with which it has been received in all the principal towns of England through which the Show has passed, and where it has been most favourably noticed by the respected conductors of the public Press, and by the Nobility and Gentry. He is proud to think that his Puppets have given satisfaction to the very best company in this empire. The famous little Becky Puppet has been pronounced to be uncommonly flexible in the joints, and lively on the wire; the Amelia Doll, though it has had a smaller circle of admirers, has yet been carved and dressed with the greatest care by the artist; the Dobbin Figure, though apparently clumsy, yet dances in a very amusing and natural manner; the Little Boys' Dance has been liked by some; and please to remark the richly dressed figure of the Wicked Nobleman, on which no expense has been spared, and which Old Nick will fetch away at the end of this singular performance.

And with this, and a profound bow to his patrons, the Manager retires, and the curtain rises.

LONDON, June 28, 1848

## 커튼 앞에서

이 공연의 감독이 무대 위의 커튼 앞에 앉아서 시장을 바라보노라니 그의 시야에 들어온 그 떠들썩한 곳의 풍경에서 매우 처연한 느낌이 그에게 엄습해온다. 엄청나게들 먹고 마시고, 구애하고 변심하고, 웃거나 반대로 울고, 담배를 피우고, 속이고, 싸우고, 춤추고, 빈둥거린다. 다른 사람을 괴롭히는 불량배, 여자한테 추파를 던지는 청년, 소매치기를 하는 건달, 순찰을 도는 경찰, 노점을 벌여놓고 고래고래 소리를 지르며 손님을 불러 모으는 장사꾼(다른 장사꾼들은 병에 걸려 뒈져버리라는 듯이!), 화려한 옷을 입고 춤을 추는 춤꾼과 얼굴에 화장을 하고 공중제비를 도는 가련하고 늙은 곡예사를 올려다보는 시골뜨기도 있다. 한편에서는 손끝이 날렵한 자가 뒤에서 그들의 호주머니를 노린다. 그렇다. 여기는 허영의 시장이다. 도덕적인 곳이 아닌 게 틀림없고, 매우 시끌벅적하지만 즐거운 곳도 아니다. 배우와 광대가 그들의 일을 끝냈을 때 그들의 얼굴을 보라. 얼간이 노릇을 하던 광대는 뺨에서 화장을 벗겨내고 행사장 뒤의 식탁으로 가서 자기 아내와 어린 광대들과 함께 저녁식사를 한다. 커튼은 곧 다시 올라갈 것이고, 그는 공중제비를 돌며 "안녕하세요?" 하고 외칠 것이다.

생각에 잠기는 성향을 타고난 사람은 이런 종류의 광경이 펼쳐지는 곳을 통과해 걸어가더라도, 장담하건대, 그 자신이나 다른 사람들의 들뜬 분위기에 억눌리지 않을 것이다. 여기저기서 유머나 친절이 드러나는 단편적인 장면이 그에게 감동과 즐거움을 줄 것이다. 귀여운 아이가 생강빵을 바라보는 모습, 예쁜 처녀가 자기에게 사줄 선물을 고르는 애인과 이야기를 나누며 얼굴을 붉히는 모습, 저기 마차 뒤에서 가난한 광대가 자기의 공중제비로 먹고사는 정직한 가족과 더불어 제몫의 식사를 하는 모습 등이 그렇다. 하지만 전반적으로 받는 인상은 쾌활함보다는 처연함이다. 그는 집으로 돌아오면 차분하고도 깊이 생각하는 태도와 너그럽지 않다고 할 수 없는 마음을 가지고 앉아서 읽던 책이나 하던 일에 다시 몰두한다.

나는 '허영의 시장'에 대해 지금 하려는 이야기에 이것 이상으로 덧붙일 교훈의 말을 갖고 있지 않다. 어떤 사람들은 시장은 온통 부도덕하다고 여기고 자기의 하인과 가족들과 함께 그것을 멀리한다. 그들의 생각이 옳을 가능성이 아주 높다. 그러나 그들과 다르게 생각하는 사람들, 그리고 느긋하거나 인정이 있거나 세상에 대해 냉소적인 마음가짐을 갖고 있는 사람들은 아마도 반시간 정도는 시장에 들러보고 공연을 보고 싶어 할 것이다. 공연에는 온갖 종류의 장면이 다 나온다. 두려움을 느끼게 하는 전투의 장면도 나오고, 위풍당당하게 말을 타는 장면도 나오고, 상류계층의 생활을 보여주는 장면도 나오고, 그야말로 보통계층의 생활을 보여주는 장면도 나온다. 감상적인 사람들을 위한 연애 이야기도 들어 있고, 가벼운 웃음거리도 들어있다. 그리고 그 모든 것을 위해 적절한 무대배경이 펼쳐지고, 저자 자신이 켜 드는 촛불의 빛이 그 모든 것을 환하게 비출 것이다.

이 공연의 감독은 무슨 말을 더 해야 할까? 그동안 이 공연이 열렸던 영국의 주요 마을들 모두에서 이 공연이 받았던 친절한 대접에 대해 감사해야 할 것이다. 그 모든 곳에서 이 공연은 명망 있는 언론매체 운영자들과 귀족, 신사 계급으로부터 매우 호의적인 주목을 받았다. 이 공연의 감독은 자신이 움직이는 꼭두각시들이 이 제국에서 가장 훌륭한 사람들의 집단을 만족시켰다고 생각하니 자랑스럽다. 이제는 유명해진 베키라는 이름의 젊은 꼭두각시는 보기 드물게 관절 부분이 유연하고 줄에 의해 생동감 있게 조종됐다는 평판을 들었다. 아멜리아라는 이름의 인형은 비록 찬미자의 수는 상대적으로 적었지만 예술가가 최대의 주의력을 기울여 조각하고 옷을 입혔다. 도빈이라는 이름의 인물은 어설프게 보이기는 하지만 대단히 흥겹고 자연스러운 태도로 춤을 춘다. 두 소년의 춤을 좋아하는 사람들도 일부 있었다. 또한 옷을 화려하게 차려입은 사악한 귀족이라는 인물에도 주목해주기를 바란다. 이 인물을 치장하는 데는 경비를 전혀 아끼지 않았지만, 이 색다른 공연이 끝나면 악마가 그를 데리고 갈 것이다.

이 공연의 감독은 이 정도로 이야기를 마치고 후원자들에게 깊이 허리를 굽혀 인사한 뒤에 퇴장하고, 곧이어 커튼이 올라간다.

런던, 1848년 6월 28일

# 15
# 복수의 대등한 생각은 유사한 형태로 표현하라

이 원칙, 즉 병렬구문(parallel construction)의 원칙은 유사한 내용과 기능을 가진 표현들은 겉으로 보기에도 유사하게 돼야 함을 요구한다. 형태의 유사함은 글을 읽는 사람으로 하여금 내용과 기능의 유사함을 보다 쉽게 인식할 수 있게 해준다. 성경에서 익숙한 예를 든다면 십계명, 산상수훈 중 행복에 관한 교훈,♠ 주의 기도를

---

♠ 이것은 '팔복(八福)' 또는 '진복팔단(眞福八端)'이라고 번역되는 The Eight Beatitudes에 관한 예수의 가르침을 가리킨다. 《마태복음》 5장에 나온다.

Blessed are the poor in spirit, for theirs is the kingdom of heaven.
마음이 가난한 사람은 복이 있으니, 하늘나라가 그들의 것이다.
Blessed are they who mourn, for they shall be comforted.
슬퍼하는 사람은 복이 있으니, 하느님이 그들을 위로하실 것이다.
Blessed are the meek, for they shall inherit the earth.
온유한 사람은 복이 있으니, 그들이 땅을 차지할 것이다.
Blessed are they who hunger and thirst for righteousness, for they shall be satisfied.
의에 주리고 목마른 사람은 복이 있으니, 그들이 배부를 것이다.
Blessed are the merciful, for they shall obtain mercy.
자비로운 사람은 복이 있으니, 그들이 하느님의 자비를 얻을 것이다. (다음 쪽에 계속)

꼽을 수 있다.

　글을 쓰는 솜씨가 미숙한 사람은 표현의 형태를 계속해서 변화시켜야 한다는 잘못된 믿음 때문에 종종 이 원칙을 위반한다. 어떤 진술을 강조하기 위해 그것을 반복하는 경우에 그 형태를 변화시킬 필요가 있을 수 있는 것은 사실이다. 예를 들어 규칙 10에서 인용된 스티븐슨(Stevenson)의 글을 보라. 그러나 그런 경우가 아닌 한 병렬구문의 원칙을 지켜야 한다.

Formerly, science was taught by the textbook method, while now the laboratory method is employed.
예전에는 과학이 교과서를 사용하는 방법으로 가르쳐졌지만, 이제는 실험실을 사용하는 방법이 채용되고 있다.

➜ Formerly, science was taught by the textbook method; now it is taught by the laboratory method.

---

Blessed are the pure of heart, for they shall see God.
마음이 깨끗한 사람은 복이 있으니, 그들이 하느님을 볼 것이다.
Blessed are the peacemakers, for they shall be called children of God.
평화를 이루는 사람은 복이 있으니, 하느님이 그들을 당신의 자녀라고 부르실 것이다.
Blessed are they who are persecuted for the sake of righteousness, for theirs is the kingdom of heaven.
의로움을 위해 박해를 받는 사람은 복이 있으니, 하늘나라가 그들의 것이다.

예전에는 과학이 교과서를 사용하는 방법으로 가르쳐졌지만, 이제는 그것이 실험실을 사용하는 방법으로 가르쳐진다.

첫 번째 문장은 그것을 쓴 사람이 우유부단하거나 소심하다는 인상을 준다. 그 사람이 어느 한 표현의 형태를 선택하고 그것을 고수하지 못하거나 그렇게 하기를 두려워하는 것처럼 보이는 것이다. 두 번째 문장은 그것을 쓴 사람이 적어도 나름대로 표현의 형태를 선택하고 그것을 견지했음을 보여준다.

이 원칙에 따라, 여러 개의 대등한 항목이 연속되는 경우에 그 모든 항목에 적용되는 관사나 전치사는 첫 번째 항목의 앞에만 쓰거나 각 항목의 앞에 반복해 써주어야 한다.

The French, the Italians, Spanish, and Portuguese

프랑스인들, 이탈리아인들, 에스파냐인들, 그리고 포르투갈인들

➜ The French, the Italians, the Spanish, and the Portuguese

프랑스인들, 이탈리아인들, 에스파냐인들, 그리고 포르투갈인들

In spring, summer, or in winter

봄, 여름에, 또는 겨울에

➜ In spring, summer, or winter (In spring, in summer, or in winter)

봄, 여름, 또는 겨울에 (봄에, 여름에, 또는 겨울에)

III 문장구성의 기본원칙

상관관계를 나타내는 표현들, 즉

both ~ and ~,

not ~ but ~,

not only ~ but also ~,

either ~ or ~,

first ~, second ~, third ~

등을 사용해 열거하거나 대조시키는 구절들은 동일한 문법적 구조를 갖도록 신경써야 한다.

이 규칙을 위반한 경우 가운데 다수는 문장을 재구성하는 것에 의해 교정될 수 있다.

It was both a long ceremony and very tedious.

그것은 긴 예식이자 매우 지루했다.

➤ The ceremony was both long and tedious.

그 예식은 길고도 지루했다.

A time not for words, but action.

말을 할 때가 아니라 행동이다.

➤ A time not for words, but for action.

말을 할 때가 아니라 행동을 할 때다.

Either you must grant his request or incur his ill will.
그의 부탁을 네가 들어주어야 하거나 그의 원한을 살 것이다.

➜ You must either grant his request or incur his ill will.
네가 그의 부탁을 들어주어야 하거나 그의 원한을 살 것이다.


My objections are, first, the injustice of the measure; second, that it is unconstitutional.
나의 반론은 첫째로 그 조치의 불공정함, 둘째로 그것은 위헌적이라는 것이다.

➜ My objections are, first, that the measure is unjust; second, that it is unconstitutional.
나의 반론은 첫째로 그 조치가 불공정하다는 것, 둘째로 그것은 위헌적이라는 것이다.


규칙 12의 세 번째 예와 규칙 13의 마지막 예도 참고하라.

글을 쓰는 사람이 아주 많은 생각, 이를테면 스무 개의 유사한 생각을 표현할 필요가 있다면 어떻게 해야 하느냐는 질문이 나올 수도 있겠다. 그런 경우에 똑같은 형태를 가진 스무 개의 문장을 연속해서 다 써주어야 할까?

보다 면밀하게 살펴보면 아마도 그러한 난점은 상상된 것일 뿐이고, 그 스무 개의 생각이 몇 가지 그룹으로 분류될 수 있으며, 따라서 각각의 그룹 안에서만 위와 같은 원칙을 적용하기만 하면 된다는 것을 알게 될 것이다. 그렇지 않다면 진술하고자 하는 것을 표의 형태로 정리해주는 것이 그러한 난점을 피해 가는 가장 좋은 방법이다.

# 16
## 서로 관계가 있는 낱말들은 떼어놓지 말라

문장 안에서 낱말이 놓이는 위치는 그 낱말이 갖는 관계를 보여주는 주된 수단이다. 따라서 글을 쓰는 사람은 자신의 사고 속에서 서로 관계가 있는 낱말들이나 낱말의 그룹들은 가까이에 놓아주고, 그다지 관계가 없는 낱말들이나 낱말의 그룹들은 멀리 떼어놓아야 한다.

문장의 주어와 주동사♠는 일반적으로 문장의 맨 앞의 부분으로 옮겨도 되는 구나 절에 의해 분리되게 해서는 안 된다.

Wordsworth, in the fifth book of The Excursion, gives a minute description of this church.
워즈워스는, 《소요》의 제5권에서, 이 교회를 상세하게 묘사한다.
➔ In the fifth book of The Excursion, Wordsworth gives a

---

♠ principal verb. 주절의 술어로 사용된 동사.

minute description of this church.
《소요》의 제5권에서 워즈워스는 이 교회를 상세하게 묘사한다.


Cast iron, when treated in a Bessemer converter, is changed into steel.
주철은, 베서머 전로에서 처리될 때, 강철로 바뀐다.

➡ By treatment in a Bessemer converter, cast iron is changed into steel.
베서머 전로에서 처리되는 것에 의해 주철은 강철로 바뀐다.


  문장의 주어와 주동사를 분리시키는 데 반대하는 논거는 그 사이에 삽입되는 구나 절이 문장의 주절(main clause)이 자연스러운 순서로 읽히는 것을 불필요하게 방해한다는 것이다. 그러나 단지 관계절(relative clause)이나 동격의 표현(expression in apposition)에 의해서만 그러한 순서로 읽히는 것이 방해를 받는 경우에는 이러한 반대의 논거가 타당하게 성립하지 않는 것이 보통이다. 또한 그러한 방해가 불안정한 긴장감을 불러일으키기 위한 의도적인 수단으로 사용된 도미문장에 대해서도 위와 같은 반대의 논거가 타당하게 성립하지 않는다(규칙 18의 예들을 보라).

  관계대명사는 그 선행사의 바로 뒤에 놓이게 하는 것이 원칙이다.

There was a look in his eye that boded mischief.
장난기를 내비치는 표정이 그의 눈에 있었다.
➜ In his eye was a look that boded mischief.
　그의 눈에 장난기를 내비치는 표정이 있었다.


He wrote three articles about his adventures in Spain, which were published in Harper's Magazine.
그는 〈하퍼스 매거진〉을 통해 발표된, 에스파냐에서 자기가 겪은 모험에 관한 세 개의 글을 썼다.
➜ He published in Harper's Magazine three articles about his adventures in Spain.
　그는 에스파냐에서 자기가 겪은 모험에 관한 세 개의 글을 〈하퍼스 매거진〉을 통해 발표했다.


This is a portrait of Benjamin Harrison, grandson of William Henry Harrison, who became President in 1889.
이것은 윌리엄 헨리 해리슨의 손자이고 1889년에 대통령이 된 벤저민 해리슨의 초상화다.
➜ This is a portrait of Benjamin Harrison, grandson of William Henry Harrison. He became President in 1889.

이것은 윌리엄 헨리 해리슨의 손자인 벤저민 해리슨의 초상화다. 그는 1889년에 대통령이 됐다.

관계사의 선행사가 여러 개의 낱말로 구성된 경우에는 관계사를 그 낱말들의 맨 뒤에 놓는 것이 바람직하며, 그렇게 하는 것이 모호함을 초래하지 않는 한 그렇게 해야 한다.

The Superintendent of the Chicago Division, who
~인 시카고 구역장

그러나 수식관계에 모호함이 초래된다면 다음과 같이 바꿔써야 한다.

A proposal to amend the Sherman Act, which has been variously judged
다양하게 평가돼온 셔먼법을 수정하자는 제안
➔ A proposal, which has been variously judged, to amend the Sherman Act
셔먼법을 수정하자는, 다양하게 평가돼온 제안
➔ A proposal to amend the much-debated Sherman Act
많은 논란의 대상이었던 셔먼법을 수정하자는 제안

The grandson of William Henry Harrison, who
~인 윌리엄 헨리 해리슨의 손자
➔ William Henry Harrison's grandson, Benjamin Harrison, who
윌리엄 해리슨의 손자이자 ~인 벤저민 해리슨

동격의 명사나 명사구는 관계사와 그 선행사의 사이에 놓는다. 이렇게 낱말들을 배열해야 모호함이 생겨나지 않기 때문이다.

The Duke of York, his brother, who was regarded with hostility by the Whigs
휘그당에 의해 적대시된, 그의 형제인 요크 공작

수식어나 수식구는 가능한 한 수식하는 낱말의 바로 앞 또는 바로 뒤에 놓아야 한다. 여러 개의 표현이 하나의 낱말을 동시에 수식하는 경우에는 의도되지 않은 엉뚱한 관계가 암시되지 않게끔 그 표현들을 잘 배열해야 한다.

All the members were not present.
모든 회원이 참석한 것은 아니었다.
➔ Not all the members were present.

모든 회원이 빠짐없이 다 참석하지는 않았다.

He only found two mistakes.
그는 두 개의 실수를 발견했을 뿐이었다.
➜ He found only two mistakes.
　그는 오직 두 개의 실수만을 발견했다.


Major R. E. Joyce will give a lecture on Tuesday evening in Bailey Hall, to which the public is invited, on "My Experiences in Mesopotamia" at eight P.M.
R. E. 조이스 소령은 화요일 저녁에 베일리 홀에서 일반인도 참석한 가운데 오후 8시에 '메소포타미아에서 내가 겪은 경험'에 관해 강연을 할 예정이다.
➜ On Tuesday evening at eight P.M., Major R. E. Joyce will give in Bailey Hall a lecture on "My Experiences in Mesopotamia." The public is invited.
　화요일 오후 8시에 R. E. 조이스 소령은 베일리 홀에서 '메소포타미아에서 내가 겪은 경험'에 관한 강연을 할 예정이다. 이 강연에는 일반인도 참석할 수 있다.

# 17
## 요약에서는 하나의 시제를 유지하라

희곡의 줄거리를 요약할 때에는 언제나 현재시제를 사용해야 한다. 시, 이야기, 소설을 요약할 때에는 현재시제를 사용하는 것이 낫긴 하지만 과거시제를 사용하기를 더 좋아한다면 그렇게 해도 된다. 요약을 현재시제로 쓴다면 선행하는 줄거리는 현재완료시제로 표현돼야 하고, 요약을 과거시제로 쓴다면 선행하는 줄거리는 과거완료시제로 표현돼야 한다.

An unforeseen chance prevents Friar John from delivering Friar Lawrence's letter to Romeo. Juliet, meanwhile, owing to her father's arbitrary change of the day set for her wedding, has been compelled to drink the potion on Tuesday night, with the result that Balthasar informs Romeo of her supposed death before Friar Lawrence learns of the nondelivery of the letter.
예기치 못한 상태에서 우연히 일어난 일로 인해 수도사 존은 수도사 로

런스의 편지를 로미오에게 전달하지 못한다. 한편 줄리엣은 결혼식을 올릴 날짜를 아버지가 독단적으로 변경한 탓에 어쩔 수 없이 화요일 밤에 독약을 마셔야 했고, 결국 그 편지가 전달되지 않았음을 수도사 로런스가 알게 되기 전에 뱁새저는 줄리엣이 죽었을 것이라는 추정을 로미오에게 알린다.

그러나 요약에서 어떤 시제가 사용되든 간에 간접화법의 대화문이나 간접의문문 속의 과거시제는 바뀌지 않고 그대로 유지된다.

**The Legate inquires who struck the blow.**
**그 특사는 누가 타격을 가했는지를 묻는다.**

앞에서 지적된 예외의 경우를 제외하고는 글을 쓰는 사람은 어떤 시제를 선택해 사용하든 그 시제를 일관되게 사용해야 한다. 시제를 바꾸는 것은 불분명하고 우유부단한 인상을 준다(규칙 15와 비교해보라).

에세이를 요약하거나 연설의 내용을 보고하는 경우와 같이 누군가 다른 사람의 진술이나 생각을 전달할 때에

**he said** (그는 ~라고 말했다)

he stated (그는 ~라고 진술했다)

the speaker added (연사는 ~라고 덧붙였다)

the speaker then wnet on to say (연사는 이어서 ~라고 말했다)

the author also thinks (저자는 ~라고도 생각한다)

와 같은 표현을 자꾸 삽입하는 것은 피해야 한다. 처음에 분명하고 단호하게 이제부터 이야기하는 내용은 요약임을 밝히고, 그런 다음에는 그런 사실을 알리기 위한 말을 자꾸 되풀이하지 말아야 한다.

비망록, 신문, 문학작품 안내서 등에서는 어떤 종류든 요약이 반드시 필요할 수 있고, 초등학교에 다니는 아이에게는 어떤 이야기를 자기 나름대로 다시 말해보게 하는 것이 유익한 연습이 된다. 그러나 문학작품을 비평하거나 해석하는 내용의 글을 쓰는 사람이라면 요약에 함몰되지 않도록 주의를 기울여야 한다. 그런 글을 쓰는 사람은 자기가 논의하고 있는 작품의 주제나 배경상황을 알리기 위해 한두 문장을 추가하는 것이 필요하다는 생각을 할 수도 있고, 그 작품의 특징과 장점을 예시하기 위해 세부적인 것을 다수 인용할 수도 있다.

문학작품을 비평하거나 해석하기 위한 글을 쓸 때에는 간간이 논평을 곁들인 요약의 글을 쓰려고 하기보다는 증거에 의해 뒷받침되고 논리가 정연한 논의의 글을 쓰는 것을 목적으로 삼아야 한다. 논의의 대상범위에 다수의 작품이 포함되는 경우에는 연대기적인 순서로 그 작품들을 하나씩 거론하기보다는 처음부터 일반적인 결론을 수립하는 것을 목적으로 삼는 것이 일반적으로 더 낫다.

# 18. 문장에서 강조해야 할 말은 맨 끝에 놓는다

가장 두드러지게 부각시키고자 하는 낱말이나 낱말들의 그룹을 놓기에 적당한 위치는 일반적으로 문장의 맨 끝이다.

Humanity has hardly advanced in fortitude since that time, though it has advanced in many other ways.
인류는 그 시대 이래로 인내하는 태도에서는 거의 발전하지 못했지만, 다른 많은 측면에서는 발전했다.
Humanity, since that time, has advanced in many other ways, but it has hardly advanced in fortitude.
인류는 그 시대 이래로 다른 많은 측면에서는 발전했지만, 인내하는 태도에서는 거의 발전하지 못했다.

This steel is principally used for making razors, because of its hardness.
이 강철은 주로 면도칼을 만드는 데 사용되는데, 그 이유는 그것의 굳은 정도가 높다는 데 있다.

Because of its hardness, this steel is principally used in making razors.

굳은 정도가 높기 때문에 이 강철은 주로 면도날을 만드는 데 사용된다.

이처럼 부각되는 위치에 놓일 자격이 있는 낱말이나 낱말들의 조합인 구절은 보통 주어에 대한 논리상 술어에 해당하는 요소이며, 위의 두 번째 예에서 볼 수 있듯이 새로운 요소다.

도미문이 효과적인 것도 주된 진술이 문장에서 부각되는 위치에 놓이게 되기 때문이다.

Four centuries ago, Christopher Columbus, one of the Italian mariners whom the decline of their own republics had put at the service of the world and of adventure, seeking for Spain a westward passage to the Indies as a set-off against the achievements of Portuguese discoverers, lighted on America.

4세기 전에 자신들이 속해 있던 공화국이 멸망함에 따라 세계 전체와 모험에 운명을 맡기게 되고 그리하여 에스파냐가 지리상의 발견에서 포르투갈이 거둔 성취에 대한 하나의 대항조치로 찾고자 한 인도로 가는 서쪽 방향의 뱃길을 에스파냐 사람들 대신 찾아 나선 이탈리아의 선원

가운데 한 사람인 크리스토퍼 콜럼버스가 아메리카 땅에 닿았다.


With these hopes and in this belief I would urge you, laying aside all hindrance, thrusting away all private aims, to devote yourselves unswervingly and unflinchingly to the vigorous and successful prosecution of this war.
이런 희망들과 이런 믿음을 가지고 나는 너에게 모든 방해를 물리치고 모든 사적인 목적을 밀어내면서 정력적이고도 성공적으로 이 전쟁을 수행하는 데 흔들림이나 움츠림 없이 헌신하기를 촉구하겠다.


문장 안에서 부각되는 또 다른 위치는 맨 앞이다. 문장에서 주어만을 제외하고는 그 어떤 요소도 맨 앞에 놓이면 강조된다.

Deceit or treachery he could never forgive.
기만이나 배신은 그가 결코 용서할 수 없었다.


So vast and rude, fretted by the action of nearly three thousand years, the fragments of this architecture may often seem, at first sight, like works of nature.
그토록 광대한 범위에 걸쳐 그토록 거칠게 거의 삼천 년의 세월이 작용하면서 마모시킨 이 건축물의 파편들은 첫눈에 보기에는 자연의 작품인 것처럼 여겨지곤 했다.

문장의 맨 앞에 놓인 주어는 강조된 것일 수도 있지만, 설령 그렇더라도 그 위치만에 의해 강조된 것이라고 보기는 어렵다.

**Great kings worshipped at his shrine.**
**위대한 왕들이 성역화된 그의 무덤을 참배했다.**

여기서 'kings(왕들)'이 강조되는 느낌의 대부분은 그 말의 의미와 문맥에서 비롯된다. 문장에서 주어가 특별히 강조되게 하기 위해서는 술어의 위치에 주어를 놓아야 한다.

**Through the middle of the valley flowed a winding stream.**
**계곡의 한가운데로 굽이치는 물줄기가 흐르고 있었다.**

가장 두드러지게 부각시키고자 하는 것이 놓이기에 적당한 위치는 맨 끝이라는 원칙은 낱말들로 구성되는 문장, 문장들로 구성되는 패러그래프, 패러그래프들로 구성되는 글 전체에 똑같이 적용된다.

# 몇 가지
# 형식의 문제

### *제목*

원고의 제목을 쓴 다음에는 한 줄을 띄어 쓰거나 그에 상응하는 공백을 두어라. 줄이 그어진 종이를 사용해 글을 쓴다면 제목을 쓴 페이지 다음에 이어지는 페이지들에서는 첫 줄에서부터 글을 쓰기 시작하라.

### *숫자*

날짜를 비롯한 일련번호는 문자로 쓰지 말라. 일련번호는 숫자나 로마자 기호로 쓰되 적절해 보이는 것으로 쓰면 된다.

    August 9, 1918 (1918년 8월 9일)

    Chapter XII (제XII장)

    Rule 3 (규칙 3)

    352d Infantry (제352보병부대)

## **괄호**

어떤 표현을 괄호로 묶은 것을 포함하고 있는 문장에 구두점을 찍을 때에는 괄호로 묶은 표현이 없는 경우와 똑같이 괄호 표시의 바깥부분에 찍어주면 된다. 괄호로 묶이는 표현은 그 자체로 독립된 것으로 보고 구두점을 찍어준다. 그 맨 끝에 물음표를 써줄 수는 있으나 마침표는 생략한다.

I went to his house yesterday (my third attempt to see him), but he had left town.
나는 어제 그의 집에 갔는데(이는 그를 만나기 위한 나의 세 번째 시도였다), 그가 이미 마을을 떠난 뒤였다.

He declares (and why should we doubt his good faith?) that he is now certain of success.
그는 자기가 지금 성공을 확신한다고 선언한다(게다가 그가 선의로 품은 신념을 우리가 의심해야 할 이유가 있겠는가?).

완전히 따로 떨어진 표현이나 문장을 괄호로 묶을 때에는 마지막 마침표를 닫는 괄호의 바로 앞에 찍어주면 된다.

## 인용

문서상의 증거를 대기 위한 정식의 인용은 콜론을 찍은 다음에 인용부호를 달아주는 방식으로 한다.

The provision of the Constitution is: "No tax or duty shall be laid on articles exported from any state."
헌법의 규정은 이렇게 돼있다: "어느 주에서 수출된 품목에도 조세나 관세를 부과해서는 안 된다."

문법상 동격인 인용구절과 동사의 직접목적어에 해당하는 인용구절에는 인용부호를 달아주고 그 앞에 쉼표를 찍어준다.

I recall the maxim of La Rochefoucauld, "Gratitude is a lively sense of benefits to come."
나는 라로슈푸코가 남긴 격언, "감사는 앞으로 얻게 될 이익에 대한 생생한 의식"이라는 말을 상기한다.

Aristotle says, "Art is an imitation of nature."
아리스토텔레스가 말하기를, "예술은 자연의 모방이다."

시에서 한 줄 전부나 그 이상을 인용하는 경우에는 줄을 바꾸어 새로운 줄로 시작하고 가운데 쪽으로 들여서 써주면 되고, 인용부호는 붙이지 않는다.

> Wordsworth's enthusiasm for the Revolution was at first unbounded:
> > Bliss was it in that dawn to be alive,
> > But to be young was very heaven!
> 혁명에 대한 워즈워스의 열광은 처음에는 무한했다.
> > 그 새벽에 살아있다는 것은 축복이었다.
> > 더욱이 젊다는 것은 천상의 지복이었다!

that이 끌고 들어오는 인용문은 간접화법에 의한 인용으로 간주되므로 거기에 인용부호를 붙이지 않는다.

> Keats declares that beauty is truth, truth beauty.
> 키츠는 아름다움은 진리이고 진리는 아름다움이라고 단언했다.

속담의 표현과 문학에서 유래한 익숙한 구절에는 인용부호를 붙일 필요가 없다.

> These are the times that try men's souls.

지금은 사람들의 영혼을 시험하는 시대다.

He lives far from the madding crowd.
그는 광란의 무리로부터 멀리 떨어져 살았다.

구어나 속어로 이루어진 인용문을 쓸 때도 마찬가지다.

## 출처와 참고문헌

출처나 참고문헌을 정확하게 표시해야 하는 학술적 저작에서는 자주 등장하는 표제는 축약된 형태로 표시해주고, 맨 뒤에 알파벳 순서로 그 전부를 완전한 형태로 열거한다. 일반적인 관행에서는 출처나 참고문헌은 문장에 그 일부로 넣지 않고 괄호 안에 써서 삽입하거나 각주로 써준다. act(막), scene(장), line(행, 줄), book(책), volume(권), page(페이지, 쪽)와 같은 낱말은 그 가운데 어느 하나만 표시하는 경우를 제외하고는 사용하지 않는다. 구두점은 다음에 예시된 대로 찍어주면 된다.

In the second scene of the third act
제3막 제2장에서

In III.ii.

III.ii.에서 (그러나 이보다는 괄호 안에 단지 III.ii.라고만 쓴 것을 문장 속의 적절한 위치에 삽입하는 것이 낫다.)

After the killing of Polonius, Hamlet is placed under guard (IV.ii.14).
폴로니우스를 죽인 뒤에 햄릿은 감시를 받는 처지가 됐다((IV.ii.14).

2 Samuel i:17-27
사무엘서 2권 i:17-27

Othello II.iii 264-267, III.iii. 155-161
오셀로 II.iii. 264-267, III.iii. 155-161

## *표제*

문학적 저작의 표제를 인용할 때 학술적으로 선호되는 방식은 그 머리글자를 대문자로 해서 이탤릭체로 쓰는 것이다. 편집자나 출판사의 방식은 다양하다. 머리글자를 대문자로 해서 이탤릭체로 쓰기도 하고, 머리글자를 대문자로 해서 로만체로 쓰기도 한다. 또한 인용부호를 붙이기도 하고, 붙이지 않기도 한다. 어떤 다른 관행을 따르는 정기간행물에 실릴 글을 쓰는 경우가 아니라면 문학적 저작의 표제는 이탤릭체로 쓰도록 하라(원고에서는 밑줄로 표시하면 될 것이다). 표제 앞에 소유격의 낱말을 써야 할 경우에 표제의 맨 앞에 A나 The가 있다면 그것을 빼버린다.

The Iliad (일리아드)

The Odyssey (오디세이)

As You Like It (뜻대로 하세요)

To a Skylark (종달새에게)

The Newcomes (뉴컴 일가)

A Tale of Two Cities (두 도시 이야기)

Dickens's Tale of Two Cities (디킨스의 두 도시 이야기)

# 흔히 잘못 사용되는 낱말과 표현

여기에 열거되는 낱말이나 표현 가운데 다수는 영어로서 나쁜 것이라기보다는 스타일의 측면에서 나쁜 것, 즉 부주의하게 씌어진 글의 진부함을 드러내는 것이다. '특징(Feature)'이라는 낱말에 대해 이야기하는 부분에서 예시와 함께 설명되겠지만, 적절한 수정을 하려면 어느 한 낱말이나 일련의 낱말들을 다른 것으로 바꿔주려고 하기보다는 막연한 두루뭉수리를 명확한 진술로 바꿔주려고 해야 한다.

### *All right (동의한다, 그렇게 해라, 나는 상관없다)*
가까운 사람끼리 스스럼없이 나누는 대화에서 간단하게 따로 떼어 관행적으로 하는 말이다. "동의한다(Agreed)"나 "그렇게 해라(Go ahead)" 등의 의미를 갖고 있다. 그러나 이와 다른 용도로는 이 말을 사용하기를 피하는 것이 좋다. 이 말은 앞이나 뒤에 다른 말을 붙이지 않고 단지 그 두 개의 낱말로만 씌어진다.

## *As good or better than (같은 정도로 좋거나 더 나은)*

이런 유형의 표현은 그것이 들어간 문장 전체를 다시 정리해주는 것에 의해 교정될 수 있다.

> My opinion is as good or better than his.
> 내 의견은 그의 의견에 비해 같은 정도로 좋거나 더 낫다.
>
> ➜ My opinion is as good as his, or better (if not better).
> 내 의견은 그의 의견과 같이 좋거나 더 낫다(내 의견이 더 낫지 않을지는 몰라도 그의 의견과 같은 정도로 좋다).

## *As to whether (~인지 아닌지에 대해)*

whether(~인지 아닌지)만으로 충분하다. 규칙 13의 설명을 보라.

## *Bid (명하다)*

명하다: 목적어로 to 없는 부정사를 취한다. 이 낱말의 과거형은 bade다.

## *Case (경우)*

《간결한 옥스퍼드 사전(Concise Oxford Dictionary)》은 이 말의 정의를 이렇게 시작한다. "어떤 것이 일어난 사례, 어떤 일의 평소 상태." 이 두 가지 의미 모두에서 이 낱말은 대체로 불필요하다.

In many cases, the rooms were poorly ventilated.

많은 경우에 방들은 환기가 잘 안된 상태였다.

Many of the rooms were poorly ventilated.

방들 가운데 다수가 환기가 잘 안된 상태였다.

It has rarely been the case that any mistake has been made.

무엇이든 실수가 저질러진 경우는 드물었다.

Few mistakes have been made.

실수는 거의 저질러지지 않았다.

우드의 《글 쓰는 사람들을 위한 권고》 68~71페이지와 퀼러-카우치의 《글쓰기의 기술》 103~106페이지를 참고하라. ♠

## *Certainly (확실히)*

어떤 진술이든 그것을 강조할 목적으로 very라는 낱말을 사용하는 사람들이 있는 것과 마찬가지로 그런 목적을 위해 이 낱말을 마구잡이로 사용하는 사람들도 있다. 이런 종류의 매너리즘은 말에서

---

♠ 각각 George McLane Wood, Extracts from the Style-Book of the Government Printing Office (United States Geological Survey)와 Sir Arthur Quiller-Couch, The Art of Writing (Putnams)을 가리킨다.

도 나쁜 것이지만 글에서는 더욱 나쁘다.

## Character (성격)

단지 말을 장황하게 하는 습관 때문에 이 낱말이 사용되는 경우에는 그것이 단지 군더더기일 뿐이기 쉽다.

> Acts of a hostile character
> 적대적인 성격의 행동
> ➡ Hostile acts
> 적대적인 행동

## Claim, vb (주장하다, 동사로 사용되는 경우)

명사인 목적어가 뒤따르면 이 낱말은 그 명사가 가리키는 것에 대한 권리를 주장한다는 의미를 갖는다. 종속절에 이런 의미가 분명하게 포함되는 경우에는 이 낱말을 그 종속절과 같이 사용할 수 있다.

> He claimed that he was the sole surviving heir.
> 그는 자기가 유일하게 살아남은 상속인이라고 주장했다. (이렇게 쓸 수도 있지만, 'claimed that'보다는 'claimed to be'가 더 나은 표현이다.)

이 낱말을 declare(선언하다), maintain(주장하다), charge(비난

하다)의 대신으로 사용해서는 안 된다.

## *Compare (비교하다)*

compare to(~에 비교하다)는 본질적으로 서로 다른 종류로 여겨지는 사물들 사이의 유사점을 지적하거나 암시하는 것이고, compare with(~과 비교하다)는 본질적으로 서로 같은 종류로 여겨지는 사물들 사이의 차이점을 주로 지적하는 것이다. 따라서 인생은 순례나 연극이나 전쟁에 비교되고(compared to), 미국 의회는 영국 의회와 비교될(compared with) 수 있다. 또한 파리는 고대의 아테네에 비교돼(compared to)왔고, 현대의 런던과 비교될(compared with) 수 있다.

## *Clever (똑똑한)*

이 낱말은 너무 남용돼왔다. 작은 문제와 관련해 발휘되는 재간에만 한정해 이 낱말을 사용하는 것이 가장 좋다.

## *Consider (여기다, 간주하다, 검토하다)*

이 낱말이 'believe to be~(~라고 믿다)'라는 의미로 사용될 때에는 as가 뒤따르지 않는다.

> I consider him thoroughly competent.

나는 그가 충분히 능력을 갖추었다고 여긴다.

이 문장을 다음 문장과 비교해보라.

The lecturer considered Cromwell first as soldier and second as administrator.
그 강사는 크롬웰을 1차적으로는 군인으로서, 2차적으로는 행정가로서 검토했다.

여기서 considered(검토했다)는 examined(살펴보았다)나 discussed(논의했다)와 같은 의미를 갖고 있다.

### *Dependable (의지할 수 있는)*
이것은 reliable(믿을 만한)이나 trustworthy(신뢰할 만한)가 사용돼야 하는 경우에 불필요하게 그 대신으로 사용되는 낱말이다.

### *Due to (~로 인한)*
부사구에서 through, because of, owing to 대신으로 잘못 사용된다.

He lost the first game, due to carelessness.
그는 부주의 때문에 첫 경기에서 졌다.

특정한 명사에 대한 술어나 수식어로 쓰는 것이 이 낱말의 올바른 용법이다.

This invention is due to Edison.
이 발명은 에디슨에 의한 것이다.
Losses due to preventable fires.
예방할 수 있었던 화재로 인한 손실.

## *Effect (결과, 효과)*

명사로 사용되면 결과(result)라는 의미를 갖고, 동사로 사용되면 무언가를 '불러일으킨다(bring about)' 거나 무언가를 '성취한다(accomplish)' 라는 의미를 갖는다. '영향을 미친다(influence)' 라는 의미의 낱말 affect와 이 낱말을 혼동하지 말라.

명사로서는 패션, 음악, 그림을 비롯한 예술에 관한 상투적인 글에서 느슨하게 사용되는 경우가 많다.

an Oriental effect (동양풍의 효과)

effects in pale green (연녹색의 효과)

very delicate effects (대단히 미묘한 효과)

broad effects (폭넓은 효과)

a charming effect was produced by (~에 의해 매력적인 효과

가 생겨났다)

표현해야 하는 명확한 의미를 갖고 있는 사람이 글을 쓰는 경우에는 이러한 모호함에 안주하지 않을 것이다.

### *Etc. (등, 따위)*

이 낱말을 사람에 대해 사용해서는 안 된다. 이 낱말은 and the rest 및 and so forth와 같은 것이다. 따라서 이 두 가지 표현 가운데 어느 하나를 사용하는 게 적당하지 않은 경우에는, 다시 말해 글을 읽는 사람이 무엇이든 중요하고 구체적인 것에 대한 의문을 해소하지 못하고 계속 갖고 있게 되는 경우에는 이 낱말을 사용하지 말아야 한다. 이미 앞에서 완전히 다 제시된 목록의 마지막 몇 개 항목을 가리키거나 인용문의 끝부분에 있는 중요하지 않은 말을 뭉뚱그리는 용도로 이 낱말을 사용하는 것에 대해서는 반론이 별로 제기되지 않을 것이다.

such as나 for example, 또는 무엇이든 이와 비슷한 표현을 선행시킨 다음에 열거한 목록의 끝에 etc.를 놓는 것은 이 낱말의 올바른 사용법이 아니다.

### *Fact (사실)*

이 낱말은 직접적인 검증이 가능한 종류의 것에 대해서만 사용하고, 판단의 대상인 것에 대해서는 사용하지 말아야 한다. 어떤 특정한 사건이 어떤 특정한 날에 일어났다는 것이나 납이 어떤 특정한 온도에서 녹는다는 것은 하나의 사실이다. 그러나 나폴레옹이 근대의 가장 위대한 장군이었다는 것이나 캘리포니아의 기후가 쾌적하다는 것과 같은 결론은 그 자체가 아무리 반박될 수 없는 것이라고 하더라도 정확하게 사실에 해당하는 것이 아니다.

the fact that이라는 정형화된 관행적 표현에 대해서는 규칙 13을 보라.

## Factor (요인)

이것은 과다하게 사용되다보니 진부해진 낱말이다. 이 낱말이 포함된 표현은 대개의 경우 뭔가 보다 직접적이고 영어다운 표현으로 바꿔줄 수 있다.

His superior training was the great factor in his winning the match.
그가 더 나은 훈련을 받은 것이 그가 그 경기에서 승리하는 데 큰 요인이었다.
➥ He won the match by being better trained.
그는 더 나은 훈련을 받음으로써 그 경기에서 이겼다.

Heavy artillery is becoming an increasingly important factor in deciding battles.
구경이 큰 중포가 점점 더 전투의 승패를 가르는 중요한 요인이 되고 있다.

➔ Heavy artillery is playing a larger and larger part in deciding battles.
구경이 큰 중포가 전투의 승패를 가르는 데서 점점 더 큰 역할을 하고 있다.


### *Feature (특징)*

이것도 진부해진 낱말이다. factor와 마찬가지로 이 낱말도 대체로 그것이 들어간 문장에 아무것도 추가해주지 않는다.


A feature of the entertainment especially worthy of mention was the singing of Miss A.
각별히 언급할 만한 가치가 있는 그 연예 프로그램의 특징은 A양의 노래였다. (같은 수의 낱말을 더 잘 사용하는 방법은 A양이 무슨 노래를 불렀는지를 말해주거나, 만약 그 프로그램의 내용이 이미 알려져 있다면 A양이 노래를 어떻게 불렀는지에 관한 무언가를 말해주는 것이다.)

이 낱말을 동사로 사용할 때에는 'offer as a special attraction(특

별히 매력적인 것으로서 제공한다)' 이라는 광고적인 의미로 사용하는 것은 피해야 한다.

### Fix (고치다, 고정시키다)

이것은 미국의 구어에서 arrange(정돈하다), prepare(준비하다), mend(수선하다) 등을 대신하는 낱말로 사용된다. 말이 아닌 글에서는 문자 그대로의 의미, 즉 fasten(조이다), make firm(고정시키다), make immovable(움직이지 못하게 하다) 등의 의미로만 제한해 이 낱말을 사용하라.

### He is a man who (그는 ~인 사람이다)

흔하게 사용되는 군더더기의 한 유형이다. 규칙 13을 보라.

```
He is a man who is very ambitious.
```
그는 매우 야심적인 사람이다.
➜ He is very ambitious.
   그는 매우 야심적이다.

Spain is a country which I have always wanted to visit.
에스파냐는 내가 언제나 가보고 싶어 했던 나라다.
➜ I have always wanted to visit Spain.

나는 언제나 에스파냐에 가보고 싶었다.

## *However (그럼에도, 그러나)*

이 낱말을 nevertheless(그럼에도)라는 의미로 사용할 때에는 문장이나 절의 맨 앞에 놓지 않는 것이 좋다.

The roads were almost impassable. However, we at last succeeded in reaching camp.
그 길은 지나가기가 거의 불가능했다. 그럼에도 우리는 결국은 캠프에 도착하는 데 성공했다.
➡ The roads were almost impassable. At last, however, we succeeded in reaching camp.
그 길은 지나가기가 거의 불가능했다. 결국은 그럼에도 우리는 캠프에 도착하는 데 성공했다.

이 낱말이 문장의 맨 앞에 놓이면 in whatever way(어떤 방식으로든)나 to whatever extent(어느 정도로든)라는 의미를 갖게 된다.

However you advise him, he will probably do as he thinks best.
당신이 그에게 어떻게 조언을 하든 그는 아마도 자기가 최선이라고 생각하는 대로 할 것이다.

However discouraging the prospect, he never lost heart.

전망이 아무리 실망스러워도 그는 결코 낙심하지 않았다.

## *Kind of (일종의)*

이 낱말을 형용사 앞이나 동사 앞에서 rather(다소, 좀) 대신으로 사용해서는 안 되며, 아는 사람끼리 스스럼없이 나누는 대화와 같은 경우를 제외하고는 명사 앞에서 something like(~와 같은, 유사한, 거의) 대신으로 사용해서는 안 된다. 문자 그대로의 의미로만 제한해서 이 낱말을 사용하라.

Amber is a kind of fossil resin.

호박은 일종의 화석 수지다.

I dislike that kind of notoriety.

나는 그런 종류의 악평을 싫어한다.

방금 이야기한 내용은 sort of에도 그대로 들어맞는다.

## *Less (덜)*

fewer를 써야 하는 데서 이 낱말을 사용하는 잘못을 저지르지 말라.

He had less men than in the previous campaign.
그는 직전의 작전에서보다 병사들을 덜 거느리고 있었다.
➜ He had fewer men than in the previous campaign.
그는 직전의 작전에서보다 더 적은 수의 병사들만 거느리고 있었다.

less는 양을 가리키고 fewer는 수를 가리킨다. "His troubles are less than mine(그가 안고 있는 문제는 내가 안고 있는 문제보다 덜 하다)"은 "His troubles are not so great as mine(그가 안고 있는 문제는 내가 안고 있는 문제만큼 큰 문제가 아니다)"이라는 뜻이다. "His troubles are fewer than mine(그가 안고 있는 문제는 내가 안고 있는 문제보다 적다)"은 "His troubles are not so numerous as mine(그가 안고 있는 문제는 내가 안고 있는 문제만큼 수가 많지 않다)"이라는 뜻이다.

그러나 "The signers of the petition were less than a hundred(그 청원서의 서명자는 백 명 미만이다)"라는 말은 잘못된 것이 아니다. 이 경우에는 대략적인 기준인 'a hundred'가 집합명사(collective noun)와 유사한 것이므로 less가 a less quantity or amount(적은 양)이라는 의미를 갖게 되는 것으로 볼 수 있다.

## *Line, along these lines (선, 이런 선 상에서)*
절차, 행동, 사고의 진행경로라는 의미로 line이라는 낱말을 사용하는 것이 허용될 수는 있다. 그러나 이 낱말은 특히 along these lines(이런 선 상에서)라는 표현을 통해 너무 남용돼왔으므로 글을 쓰는 사람이 참신성이나 독창성을 추구한다면 이런 용도로는 이 낱말을 완전히 폐기처분하는 것이 나을 것이다.

> Mr. B. also spoke along the same lines.
> B씨도 같은 선 상에서 말했다.
> ➔ Mr. B. also spoke, to the same effect.
> B씨도 같은 취지로 말했다.

> He is studying along the line of French literature.
> 그는 프랑스 문학의 선 상에서 연구하고 있다.
> ➔ He is studying French literature.
> 그는 프랑스 문학을 연구하고 있다.

## *Literal, literally (문자 그대로의, 문자 그대로)*

이 낱말은 종종 과장이나 극단적인 은유를 뒷받침하는 데 오용된다.

> A literal flood of abuse
> 문자 그대로의 욕설의 홍수
> ➔ A flood of abuse

욕설의 홍수

Literally dead with fatigue

문자 그대로 피로로 인해 죽어버린 듯

➔ Almost dead with fatigue (dead tired)

피로로 거의 죽을 지경인(죽을 정도로 피로한)

## *Lose out (지다)*

이 표현은 lose를 더욱 강조할 의도로 사용되고 있지만 그 진부함으로 인해 실제로는 오히려 lose보다 그 의미가 약하다. try out(시험해보다), win out(이기다), sign up(서명하다), register up(등록하다)에 대해서도 같은 말을 할 수 있다. out이나 up과 같이 사용되면 영어다운 관용적 표현이 되는 동사가 많이 있기는 하다. find out(알아내다), run out(다 떨어지다), turn out(나타나다), cheer up(기운을 내다), dry up(고갈되다), make up(보상하다, 분장하다) 등이 그런 경우다. 이런 표현들의 의미는 그 각각에서 out이나 up을 떼어낸 동사만의 의미와 구분된다. 그러나 lose out의 경우는 그렇지 않다.

## *Most (대부분의)*

almost(거의)를 써야 할 곳에 이 낱말을 잘못 써서는 안 된다.

Most everybody

대부분의 모든 사람

➜ Almost everybody

거의 모든 사람


Most all the time

대부분의 모든 시간

➜ Almost all the time

거의 모든 시간


## *Nature (성질, 자연)*

character(성격)과 마찬가지로 이 낱말도 군더더기일 뿐인 경우가 많다.


Acts of a hostile nature

적대적인 성질의 행동

➜ Hostile acts

적대적인 행동


'a lover of nature(자연을 사랑하는 사람)'이나 '자연에 관한 시들(poems about nature)'과 같은 표현에서처럼 '자연'이라는 뜻으로도 모호하게 사용되는 경우가 흔하다. 보다 구체적인 진술이 이어지지 않는 한 글을 읽는 사람은 그 시가 자연경관에 관한 것인지, 전원생활에 관한 것인지, 석양에 관한 것인지, 인적이 없는 황무지에 관한 것인지, 다람쥐의 습관에 관한 것인지를 알 수가 없다.

### *Near by (근처에)*

close by(가까이에)나 hard by(바로 가까이에)와 형태가 유사하다는 사실이 이 부사구의 사용을 정당화해주는 것처럼 보일 것이다. 그러나 이 부사구는 좋은 영어 표현으로는 아직 완전하게 받아들여지지 않고 있다. near나 near at hand가 더 낫다고 할 수는 없을지 몰라도 같은 정도로는 좋은 영어 표현이다.

   near by를 형용사로 사용해서는 안 된다. 형용사로는 neighboring을 사용하라.

### *Oftentimes, ofttimes (종종)*

이는 구태의연한 느낌을 주기 때문에 이제는 사용하기에 좋은 낱말이 아니다. 같은 의미의 현대적 낱말은 often이다.

### *One hundred and one (101, 백일)*

이와 유사한 표현에서 and는 빼버리지 않는 것이 고대영어(Old English)를 사용하던 시대 이래로 영어 산문에서 변함없이 유지돼

온 관행이다.♠

## *One of the most (대부분의 ~ 가운데 하나)*

정형화된 이런 표현으로 글이나 패러그래프를 시작하는 것을 피하라. 예를 들어 "One of the most interesting developments of modern science is ~ (현대 과학의 가장 흥미로운 발전 가운데 하나는 ~다)"라든가 "Switzerland is one of the most interesting countries of Europe(스위스는 대부분의 흥미로운 유럽 국가 가운데 하나다)"라고 쓰는 것은 피해야 한다. 이런 문장이 틀린 것은 결코 아니다. 다만 그것은 낡아빠진 표현이어서 겉으로는 강력해 보이지만 속으로는 허약하다.

## *People (인민, 민중)*

이것은 정치적인 용어다. the people을 the public(대중, 공중)과 혼동해서는 안 된다. the people로부터는 정치적인 지지나 반대가 나오고, the public으로부터는 예술적인 호평이나 상업적인 단골이 나온다. people이라는 낱말을 수사와 함께 사용해서는 안 된다. 수

---

♠ 101을 영어로 표기하는 방법으로 영국인들은 one hundred and one을 선호하는 편이지만, 미국인들은 and를 빼고 one hundred one을 선호하는 편이다. 101은 그밖에 a hundred and one, a hundred one, one oh one 등으로도 표기된다.

사와 함께 사용할 때에는 person(사람)이라는 낱말을 사용해야 한다. "여섯 인민(six people) 가운데 다섯 인민이 가버렸다"고 한다면 과연 몇 사람이 남아있게 된 것일까?

## *Phase (국면)*

이 낱말은 이행이나 발전의 단계를 의미한다. 'the phases of the moon(달의 위상)', 'the last phase(마지막 국면)' 등으로 이 낱말이 사용된다. aspect(측면)나 topic(주제, 화제) 대신에 이 낱말을 사용해서는 안 된다.

Another phase of the subject

주제의 또 다른 국면

➜ Another point (another question)

또 다른 요점(또 다른 문제)

## *Possess (소유하다)*

단지 have(갖고 있다)나 own(소유하다)을 대체하는 용도로는 이 낱말을 사용하지 말라.

He possessed great courage.

그는 대단한 용기를 소유하고 있었다.

➔ He had great courage (was very brave).

그는 대단한 용기를 갖고 있었다(그는 매우 용감했다).

He was the fortunate possessor of ~.

그는 운이 좋게도 ~의 소유자였다.

➔ He owned ~.

그는 ~을 소유하고 있었다.

## *Respective, respectively (각각의, 각각)*

이 두 개의 낱말은 보통은 빼버리는 것이 더 나을 수 있다.

Works of fiction are listed under the names of their respective authors.

소설 작품들이 그 각각의 저자의 이름 아래 열거돼있다.

➔ Works of fiction are listed under the names of their authors.

소설 작품들이 그 저자의 이름 아래 열거돼있다.

The one mile and two mile runs were won by Jones and Cummings respectively.

1마일 달리기와 2마일 달리기에서 존스와 커밍스가 각각 우승했다.

➔ The one mile and two mile runs were won by Jones and by Cummings.

1마일 달리기와 2마일 달리기에서 존스와 커밍스가 우승했다.

기하학적 증명을 하는 경우와 같이 형식적으로 엄격하게 써야 하는 종류의 글에서는 respectively를 사용해야 할 필요가 있을 수도 있지만, 통상적인 주제에 관한 글에서는 이 낱말을 사용하지 않는 것이 좋다.

### *So (아주, 그토록)*

글을 쓸 때 so를 강조사로 사용하는 것을 피하라. so good(아주 좋은), so warm(아주 따뜻한), so delightful(아주 즐거운)과 같은 표현은 사용하지 말라.

절을 도입하기 위해 so를 사용하는 것에 대해서는 규칙 4를 보라.

### *Sort of (일종의)*

kind of에 대해 설명해놓은 부분을 보라.

### *State (진술하다)*

say(말하다)나 remark(언급하다) 대신으로 이 낱말을 사용하지 말라. 이 낱말은 "He refused to state his objections(그는 자기의 반대 논거를 진술하기를 거부했다)"의 경우와 같이 '완전하거나 명확하게 표현한다'라는 의미로만 한정해 사용하라.

### *Student body (학생집단, 학생들 전체)*

이것은 불필요하고도 어색한 표현이다. 보다 간단한 students(학생들)보다 더 많은 의미를 표현해주지 않는다.

A member of the student body

학생집단의 일원

➜ A student

한 학생


Popular with the student body

학생들 전체에게 인기가 있는

➜ Liked by the students

학생들이 좋아하는


The student body passed resolutions.

학생집단이 결의안을 통과시켰다.

➜ The students passed resolutions.

학생들이 결의안을 통과시켰다.


### *System (체제)*

이 낱말을 필요하지도 않은데 사용하는 경우가 많다.

Dayton has adopted the commission system of government.

데이턴 시는 위원회제 정부체제를 채택했다.

➜ Dayton has adopted government by commission.

데이턴 시는 위원회제 정부를 채택했다.


The dormitory system

기숙사체제

➜ Dormitories

기숙사


## *Thanking you in advance (미리 감사드리며)*

이렇게 씌어있는 편지를 보게 되면 마치 그 편지를 보낸 사람이 "It will not be worth my while to write to you again(당신에게 또 다시 편지를 써서 보내는 것은 내 시간을 들여야 할 만큼의 가치가 있는 일이 아니다)"라고 말하는 것처럼 들린다. 그저 "Thanking you(감사드리며)"라고만 써라.♠ 그리고 만약 당신이 요청한 것을 상대방이 받아들여 호의를 베풀어준다면 감사의 편

---

♠ 무엇인가를 부탁하거나 요청하는 편지를 쓰는 경우에는 "Will you please~?" 또는 "I shall be obliged if you~" 등으로 쓰는 것이 더 나을 수도 있다.

지를 다시 써서 보내라.

## They (그들)

each(각각), each one(각자), everybody(모든 사람), every one(각자 모두), many a man(많은 사람)과 같은 '배분사나 배분의 의미를 내포한 구(distributive expression)'가 선행사나 선행구가 되는 경우에 대명사를 복수형으로 사용하는 오류가 흔히 저질러진다. 이런 배분사나 배분의 의미를 내포한 구는 그 내용으로는 두 사람 이상을 가리키지만 그것을 지칭하는 대명사는 단수형으로 써야 한다.

이와 유사한 것이지만 정당화하기가 더욱 어려운 것으로, "he or she(그 또는 그녀)"라는 어색한 표현을 피하거나 he와 she라는 두 대명사 가운데 어느 하나만을 사용하는 것을 피하려는 의도로 anybody(어떤 사람이든), any one(누구든), somebody(누군가), some one(어떤 사람)과 같은 낱말이나 구가 선행사가 되는 경우에 대명사를 복수형으로 사용하는 것이다. 자신감 없이 소극적으로 말하는 사람들 가운데는 "A friend of mine told me that they ~ (내 친구 하나가 그들은 ~라고 나한테 말했다)"라고 말하기까지 한다.

위와 같은 모든 경우에 선행사가 여성이거나 여성이어야 한다면 she, 그렇지 않다면 he를 사용하라.

### *Very (매우)*

이 낱말은 아껴서 사용하라. 뭔가를 강조할 필요가 있다면 그 자체로서 강한 의미를 갖고 있는 낱말을 사용하는 게 좋다.

### *Viewpoint (관점)*

이것 대신에 point of view라는 표현을 사용하라. 그리고 많은 사람들이 그러듯이 view(견해)나 opinion(의견)이라는 낱말을 사용해야 하는 곳에서 point of view를 사용하는 잘못을 저질러서는 안 된다.

### *While (한편)*

and, but, although 대신으로 이 낱말을 무차별적으로 사용하는 것을 피하라. 글 쓰는 사람들 가운데 다수가 and나 but 대신에 이 낱말을 자주 사용한다. 그것은 접속사에 변화를 주고자 하는 마음을 갖고 있기 때문이거나 and와 but이라는 두 개의 접속사 가운데 어느 것을 사용하는 게 더 적절한지에 대해 확실한 판단을 하지 못하기 때문일 것이다. 이런 이유에서라면 while을 사용하기보다는 세미콜론을 사용하는 것이 더 낫다.

> The office and salesrooms are on the ground floor, while the rest of the building is devoted to manufacturing.

사무실과 매장은 건물의 1층에 있는 한편 건물의 나머지 부분은 모두 제조를 위해 사용되고 있다.

➤ The office and salesrooms are on the ground floor; the rest of the building is devoted to manufacturing.
사무실과 매장은 건물의 1층에 있다; 건물의 나머지 부분은 모두 제조를 위해 사용되고 있다.

while을 although와 사실상 같은 의미로 사용하는 것은 허용될 수 있다. 다만 그렇게 해도 모호함이나 불합리함이 초래되지 않아야 한다.

While I admire his energy, I wish it were employed in a better cause.
나는 그의 활력에 감탄하면서, 그것이 더 나은 목적을 위해 사용되기를 바란다.

이것은 전적으로 올바른 표현이다. 왜 그런지는 다음과 같이 바꿔 써보면 알 수 있다.

I admire his energy; at the same time I wish it were employed in a better cause.

나는 그의 활력에 감탄한다; 동시에 나는 그것이 더 나은 목적을 위해 사용되기를 바란다.

다음 두 문장을 비교해보라.

While the temperature reaches 90 or 95 degrees in the daytime, the nights are often chilly.
기온이 낮에는 화씨 90 내지 95도까지 올라가는 반면 밤에는 종종 춥다.

➔ Although the temperature reaches 90 or 95 degrees in the daytime, the nights are often chilly.
기온이 낮에는 화씨 90 내지 95도까지 올라가지만 밤에는 종종 춥다.

다음과 같이 바꿔 써보면 위의 첫 문장에서 while을 사용한 것이 왜 잘못인지를 알 수 있을 것이다.

The temperature reaches 90 or 95 degrees in the daytime; at the same time the nights are often chilly.
기온이 낮에는 화씨 90 내지 95도까지 올라간다; 동시에 밤에는 종종 춥다.

일반적으로 말해 글을 쓰는 사람은 while을 엄밀하게 문자 그대로의 의미로만, 즉 during the time that(~하는 시간 동안에)이라는 의미로만 사용하는 것이 좋다.

## Whom (누구를)

이 낱말은 he said(여기서 he는 그 뒤에 나오는 동사의 주어)나 이와 비슷한 표현의 앞에서 who 대신으로 잘못 사용되는 경우가 많다.

His brother, whom he said would send him the money.
그가 자기에게 돈을 보내줄 것이라고 한 그의 형제.
➜ His brother, who he said would send him the money.
그가 자기에게 돈을 보내줄 것이라고 한 그의 형제.

The man whom he thought was his friend.
그가 자기 친구라고 생각했던 사람.
➜ The man who (that) he thought was his friend (whom he thought his friend).
그가 자기 친구라고 생각했던 사람.

## Worth while (가치가 있는)

이것은 애매한 승인이나 불승인(not을 붙여서)의 의미를 나타내는 용어로 너무 남용돼왔다. "Is it worth while to telegraph(전보를 보내는 것이 가치가 있을까)?"의 경우와 같이 행위에 대해서만 이 말을 사용하라.

His books are not worth while.
그의 책은 가치가 없다.
➔ His books are not worth reading (not worth one's while to read; do not repay reading).
그의 책은 읽을 가치가 없다(읽는 데 시간을 들일만한 가치가 없다, 읽어봐야 보람이 없다).

worth while을 명사 앞에 사용하는 것(이를테면 'a worth while story'라고 쓰는 것)은 변명의 여지가 없는 오류다.♠

## Would (~일 것이다)

일인칭의 조건문(conditional statement)에는 should를 사용해야지 would를 사용해서는 안 된다.

---

♠ worth와 while을 붙여 쓴 worthwhile은 형용사로서 'a worthwhile story'와 같이 사용할 수 있다. 그러나 이렇게 사용된 worthwhile은 그저 "가치가 있다"는 뜻만을 전달할 뿐 그 '가치'가 무슨 가치인지를 말해주지 않는다는 점에서 애매하고 빈약한 표현이 되기 쉽다.

I should not have succeeded without his help.
그의 도움이 없었다면 나는 성공하지 못했을 것이다.

과거시제의 동사 뒤에 나오는 간접화법의 인용구절에는 shall의 과거형인 should를 사용해야지 would를 사용해서는 안 된다.

He predicted that before long we should have a great surprise.
그는 머지않아 우리가 크게 놀랄 일을 맞게 될 것이라고 예언했다.

습관적이거나 반복되는 행위를 표현하고자 하는 경우에 보통은 would를 사용하지 않고 그냥 과거시제의 동사를 사용하는 것으로 충분하다.

Once a year he would visit the old mansion.
일 년에 한 번씩 그는 그 오래된 저택을 방문하곤 했다.
➔ Once a year he visited the old mansion.
  일 년에 한 번씩 그는 그 오래된 저택을 방문했다.

# 철자의 오류를
# 저지르기 쉬운 낱말
# 250개

♠

이 장의 내용은 영어를 제1언어로 사용하는 사람들이 가장 흔하게 철자의 오류를 저지르는 낱말 250개를 옮긴이가 나름대로 간추려본 것이다. 이 책 원서에는 50여 개의 낱말만 실려 있으나 그것만으로는 부족해 보였기 때문이다. 메리엄-웹스터 사전, 옥스퍼드 사전, 위키피디어 등의 편집자들이 각각 조사해서 'Commonly misspelled words' 등의 제목을 달아 인터넷에 공개한 관련 자료를 참고했다.

슬래시(/)의 왼쪽에 씌어진 것이 올바른 철자이고, 그 오른쪽에 씌어진 것은 흔히 저질러지는 잘못된 철자다.

   **absence** / absense, absance
   
   **accidentally** / accidently, accidentaly
   
   **accommodate** / accomodate, acommodate
   
   **acknowledge** / acknowlege, aknowledge
   
   **acquaintance** / acquaintence, aquaintance
   
   **acquit** / aquit
   
   **acreage** / acrage, acerage
   
   **across** / accross
   
   **address** / adress
   
   **adultery** / adultary
   
   **advertise** / advertize
   
   **advisable** / adviseable, advizable

**affordable** / affortable

**aggression** / agression, aggresion

**alcohol** / alchohol

**allege** / alege, allage

**allegiance** / allegaince, alegiance

**almost** / allmost

**amateur** / amatuer, amature

**amend** / ammend

**annually** / anually, annualy

**apparent** / apparant, aparent

**argument** / arguement

**assassination** / assasination

**atheist** / athiest

**athlete** / athelete

**awful** / awfull, aweful


**balance** / ballance, balence

**basically** / basicly

**becoming** / becomeing, becommning

**beginning** / begining

**bellwether** / bellweather

VI 철자의 오류를 저지르기 쉬운 낱말 250  **137**

**benefit** / benifit

**buoyant** / bouyant

**breathe** / breath, brethe

**brilliant** / briliant

**burglar** / burgler

**business** / bisness, bussiness, bizness


**calendar** / calender

**camouflage** / camoflage, camoflague

**careful** / carefull

**ceiling** / cieling

**cemetery** / cemetary, cematery

**changeable** / changable

**citizen** / citezen

**colleague** / collegue

**collectible** / collectable

**column** / colum

**coming** / comming

**committed** / commited, comitted

**competition** / compitition

**concede** / conceed

conscientious / consciencious

conscious / concious, consious

consensus / concensus

controversy / contraversy

convenience / conveniance

coolly / cooly

criticize / critisize


deceive / decieve

decide / dicide

definite / definate, definit

deposit / deposite

describe / discribe

desperate / desparate

develop / develope

difference / diffrence

dilemma / dilema

disappear / disapear, dissapear

disappoint / disapoint

disastrous / disasterous

discipline / disipline

**doable** / dooable

**drunkenness** / drunkeness

**dumbbell** / dumbell


**easily** / easely

**eighth** / eigth

**embarrass** / embarass

**equipped** / equiped

**exaggerate** / exagerate

**exceed** / excede

**excellent** / exellent, excelent

**exercise** / exercize, exersize

**exhausted** / exausted

**exhilarate** / exilerate

**existence** / existance

**experience** / experiance

**explanation** / explaination

**extreme** / extreem


**familiar** / familier

**fascinating** / facinating, fasinating

**fiery** / firey

**finally** / finaly

**fluorescent** / flourescent

**foreign** / foriegn

**forty** / fourty

**forward** / foreward

**friend** / freind

**fulfil, fulfill** / fullfil, fullfill

**fundamental** / fundemental


**gauge** / guage

**grammar** / grammer

**grateful** / gratefull, greatful

**guarantee** / garantee, garentee, garanty

**guidance** / guidence


**happiness** / happyness

**harass** / harrass

**heroes** / heros

**hierarchy** / heirarchy

**honorary** / honourary

**humorous** / humerous

**hygiene** / hygene, hygine, hygeine

**hypocrite** / hipocrit


**ignorance** / ignorence

**imaginary** / imaginery

**imitate** / immitate

**imitation** / immitation

**immediately** / imediately

**incidentally** / incidently

**independent** / independant

**indispensable** / indispensible

**inoculate** / innoculate

**intelligence** / inteligence, intelligance

**interfere** / interfier

**interpretation** / interpritation

**interruption** / interuption

**irrelevant** / irrelevent

**irritable** / irritible


**jealous** / jellous

**jewellery** / jewelery

**jewelry** / jewellry

**judgment, judgement** / jugement

**kernel** / kernal

**kindergarten** / kindergarden

**knowledge** / knowlege

**laboratory** / labratory

**liaison** / liason

**license** / lisence

**lightning** / lightening

**loneliness** / lonelyness

**losing** / loosing, loseing

**lying** / lieing

**maintenance** / maintenence, maintnance

**maneuver, manoeuvre** / manuever, manuver

**marriage** / marrige

**mathematics** / mathmatics

**medicine** / medcine

**medieval** / medeval, medevil, mideval

**millennium** / millenium, milennium

**miniature** / miniture

**minuscule** / miniscule

**minute** / minite

**mischievous** / mischevous, mischevious

**misspell** / mispell, misspel

**mysterious** / misterius, misterious


**naturally** / naturaly

**necessary** / neccessary, necessery

**niece** / neice

**neither** / niether

**noticeable** / noticable


**occasion** / occassion

**occasionally** / occasionaly, occassionally

**occurrence** / occurrance, occurence

**occurred** / occured

**often** / offen

**omission** / ommision, omision

**original** / orignal

**ought** / aught

**outrageous** / outragous


**paid** / payed

**parallel** / parrallel, parellel

**parliament** / parliment

**pastime** / passtime, pasttime

**peculiar** / peculier

**perceive** / percieve

**permanent** / pernament

**perseverance** / perseverence

**personally** / personaly

**personnel** / personell, personel

**planning** / planing

**plagiarize** / plagerize

**playwright** / playright, playwrite

**pleasant** / plesant

**political** / pollitical

**possession** / posession, possesion

**possible** / possable

**potatoes** / potatos

**precede** / preceed

**prejudice** / predjudice

**presence** / presance

**privilege** / privelege, priviledge

**professional** / proffesional

**professor** / professer

**promise** / promiss

**pronunciation** / pronounciation

**prophecy** / prophesy

**psychology** / psycology


**quarantine** / quarentine

**queue** / que

**questionnaire** / questionaire, questionnair


**readable** / readible

**receive** / recieve

**receipt** / reciept

**recommend** / recomend, reccommend

**referred** / refered

**reference** / referance, refrence

**relevant** / relevent, revelant

**religious** / religous, religius

**repetition** / repitition

**restaurant** / restarant

**rhyme** / rime, ryme

**rhythm** / rythm, rythem


**safety** / saftey, safty

**scissors** / sissors

**secretary** / secratary, secretery

**seize** / sieze

**separate** / seperate

**sergeant** / sargent

**shining** / shineing

**sincerely** / sinceerly

**skilful, skillful** / skilfull, skilfull

**speech** / speach, speeche

**stopping** / stoping

**studying** / studing

**succeed** / succede

**successful** / succesful, successfull

**supersede** / supercede

**surely** / surelly

**surprise** / suprise, surprize


**tomatoes** / tomatos

**tomorrow** / tommorrow

**tries** / trys

**truly** / truely, trully

**twelfth** / twelvth

**tyranny** / tyrany


**underrate** / underate

**until** / untill

**usable, useable** / usible

**using** / useing

**usually** / usualy


**vacuum** / vaccuum, vacume

**vehicle** / vehical

**vicious** / visious

**village** / villege

**weird** / wierd

**welcome** / wellcome

**welfare** / wellfare, welfair

**whether** / wether

**wilful, willful** / wilfull, wilfull

**withhold** / withold

**writing** / writting

# 자기 스타일을 찾는 사람들을 위한 21가지 조언

♠
이 장은 옮긴이가 추가한 것이다.

이 책의 증보판을 쓴 미국의 작가 화이트(E. B. White, 1899~1985)는 자기 나름의 스타일을 찾고자 하는 젊은이들에게 "스타일은 음식에 첨가해 맛을 내는 양념과 같은 것이 아니다"라고 지적한다. 스타일은 "자기 자신의 표현"이며 따로 분리되어 존재하는 게 아니라는 것이다. 그러므로 자기 나름의 스타일을 찾고자 하는 사람은 스타일의 요소로 흔히 오인되는 매너리즘, 속임수, 겉치장 등과는 단호하게 결별하고 평이함, 단순함, 정연함, 진정함의 길로 나아가야 한다고 그는 강조한다. 인내심을 갖고 그 길을 걸어가는 것이 자기 나름의 스타일을 찾는 방법이라는 것이다. 그러면서 그는 자기 스타일을 처음으로 찾아 나선 젊은이들에게 다음과 같은 21가지 조언을 해준다.

### 1. *Place yourself in the background.*
#### *자기 자신을 겉으로 드러내지 내지 말라.*
글을 읽는 독자가 글 자체의 내용과 의미에 집중할 수 있도록 글을 써야 한다. 글을 쓰는 사람이 자기 자신의 감정이나 기분을 겉으로 드러내면 독자의 글 읽기를 방해할 수 있다. 글쓰기에 익숙해지면서 자기 자신에게 적합한 스타일이 형성되면 글을 통해 자연스럽게 독자와 교감할 수 있게 된다.

## 2. *Write in a way that comes naturally.*
### *자연스럽게 떠오르는 대로 써라.*

머릿속에 자연스럽게 떠오르는 생각을 자연스럽게 떠오르는 낱말과 어구를 이용해 글로 옮기면 된다. 이렇게 하면 다른 사람이 쓴 글에서 읽었던 것을 흉내 내게 되기 쉽지만, 일부러 흉내 내려고 한 게 아닌 한 결과적으로 그렇게 되는 것에는 구애될 필요가 없다. 창작은 흉내 내는 것에서 시작된다.

## 3. *Work from a suitable design.*
### *먼저 적절한 구도를 세워라.*

쓰려고 하는 글에 담을 내용의 성격과 범위에 알맞은 구도를 세운 다음에 그 구도에 따라 글을 써라. 아주 간단한 글의 경우에도 먼저 구도를 세운 다음에 써야 짜임새를 갖추게 된다. 즉흥적이거나 충동적으로 씌어진 것으로 보이는 글도 좋은 평가를 듣는 글이라면 그 배후에 은밀한 구도가 숨어 있게 마련이다.

## 4. Write with nouns and verbs.
### 명사와 동사 위주로 글을 써라.

형용사와 부사보다는 명사와 동사를 가지고 글을 쓴다고 생각하라. 그렇다고 해서 형용사와 부사가 하는 역할이 없다는 말은 아니고, 형용사와 부사가 놀라울 정도로 강력한 표현력을 발휘하기도 한다. 하지만 글의 힘과 개성은 수식이라는 보조적 기능을 하는 형용사와 부사보다는 주로 명사와 동사에 의해 형성된다.


## 5. Revise and Rewrite.
### 수정하고 고쳐 써라.

수정하고 고쳐 쓰는 것은 글을 쓰는 작업의 일부다. 첫 번째 시도에서 표현하고자 하는 바를 만족스럽게 표현해낼 수 있을 정도로 능숙하게 글을 잘 쓰는 사람은 거의 없으며, 이 점에서는 이른바 일류 작가도 예외가 아니다. 글을 일단 써놓고 보니 뜯어고쳐야 할 것이 눈에 많이 띈다고 해서 기죽을 필요가 없다.


## 6. Do not overwrite.
### 장황하게 쓰지 말라.

불필요한 장식과 수식을 덧붙여가며 장황하게 씌어진 글은 잘 읽어지지 않으며, 특히 심하게 장황한 글은 역겨움마저 불러일으킨다. 컴퓨터로 글을 쓰게 되면서부터 불필요한 구절을 끼워 넣으면서 장황하게 글을 쓰는 사람이 많아졌다. 일단 글을 쓴 다음에는 처음부터 다시 읽어보고 군더더기는 가차 없이 제거하라.

### *7. Do not overstate.*
### **과장하지 말라.**

과장된 표현은 독자로 하여금 경계하는 태도를 취하게 한다. 뭔가를 실제 이상으로 부풀리는 표현을 본 독자는 그것에 대해서뿐만 아니라 그 앞에 서술된 것과 그 뒤에 서술될 것 모두에 대해서도 의심하게 된다. 부주의하게 사용된 최상급 형용사 하나가 독자와 교감하는 통로를 차단할 수 있다.

### *8. Avoid the use of qualifiers.*
### **한정사는 가급적 사용하지 말라.**

rather(다소), very(매우), little(별로), pretty(꽤)와 같이 뜻을 한정하는 수식어는 가급적 사용하지 말라. 이런 것들은 다른 낱말의 피를 빨아먹는 거머리와 같아, 그 다른 낱말의 힘을 약화시킨다. 예를 들어 "It is a rather important one(그것은 다소 중요한 것이다)"이라는 표현에서 rather가 그렇다.

### *9. Do not affect a breezy manner.*
### **경쾌한 척하지 말라.**

들뜬 태도를 드러내는 주관적이고 즉흥적인 글은 바람이 부는 듯하다는 의미에서 breezing style 또는 windy style의 글이라고 한다. 이런 글은 경쾌해 보이는 듯하지만 사실은 내용이 빈약하거나 독자의 주의력을 분산시킨다. 이보다는 독자에게 전달해야 할 내용을 차분하게 전달하는 태도가 낫다.

## *10. Use orthodox spelling.*
### **표준적인 철자법을 지켜라.**

night 대신 nite, through 대신 thru, please 대신 pleez라고 쓰는 사람들이 있다. 선의로 해석한다면 낱말을 압축해 보다 간단하게 만들기 위해 그러는 것이겠지만, 그래 봐야 효과가 없다. 왜냐하면 독자는 머릿속으로 nite를 night로, thru를 through로, pleez를 please로 다시 환원시키는 과정을 거치기 때문이다.

## *11. Do not explain too much.*
### **너무 많이 설명하지 말라.**

"he said consolingly(그는 위로하듯 말했다)", "she replied grumblingly(그 여자는 투덜거리는 어투로 대답했다)"와 같이 he said, she replied와 같은 표현 뒤에 부사가 붙는 경우가 많다. 이렇게 하는 것보다는 말하는 이의 태도나 상태가 대화문 자체에서 드러나게 하고 said와 replied에는 부사를 붙이지 않는 게 낫다.

## 12. Do not construct awkward adverbs.
### 어색한 부사를 만들어 쓰지 말라.

부사는 만들기가 쉽다. 형용사나 분사의 끝에 -ly만 덧붙이면 되기 때문이다. 그러나 일상의 구어에서 사용되지 않는 부사를 억지로 만들어 쓰는 것은 바람직하지 않다. 책상 아래 전기선이나 인터넷 선 같은 것이 엉켜 있는 상태를 표현할 때 "lay tangledly beneath"라고 쓰기보다는 "lay in tangles beneath"라고 쓰는 것이 낫다.


## 13. Make sure the reader knows who is speaking.
### 말하고 있는 사람이 누구인지를 분명히 하라.

두 사람 이상의 대화를 연속해서 쓸 경우에는 독자가 읽을 때 그 각각이 누구의 말인지를 분간할 수 있도록 신경을 써야 한다. 누구의 말인지가 불분명한 대화문을 만나게 된 독자는 그것이 누구의 말인지를 분간하기 위해 다시 앞으로 돌아가 확인하느라 시간을 들이게 된다. 이런 글이 독자에게 좋은 평가를 듣기는 어렵다.


## 14. Avoid fancy words.
### 유별난 낱말을 사용하려고 하지 말라.

짧고 평이한 낱말을 놔두고 괜히 길거나 복잡하거나 화려하거나 과시적인 낱말을 사용하려고 하지 말라. "아름답다"는 말을 할 때 beautiful이라는 낱말을 놔두고 굳이 beauteous라는 낱말을 사용할 필요가 없다. 마찬가지로 "I am aware of~"라는 표현을 놔두고 굳이 "I am cognizant of~"라고 말할 필요도 없을 것이다.

### *15. Do not use dialect unless your ear is good.*
### *익숙하지 않은 사투리를 사용하려고 애쓰지 말라.*

익숙한 지방사투리를 일관되게 사용한다면 나름대로 효과가 있겠지만, 익숙하지 않은 지방사투리를 섣부르게 사용하면 독자가 글을 읽고 받아들이기가 어려워진다. 사투리를 구사하는 데 능숙한 작가들도 표준어에서 벗어나는 사투리의 사용을 최대화하기보다 최소화해서 그 효과와 글의 가독성을 동시에 얻고자 한다.

### *16. Be clear.*
### *명확하게 글을 써라.*

글을 쓰다 보면 명확함보다 모호함을 추구해야 하는 경우가 없는 것은 아니다. 그러나 글의 본래 목적이 소통에 있다고 본다면 좋은 글의 특징으로 명확함을 대신할 것은 없다. 심지어는 모호함을 추구해야 하는 경우에도 'to be obscure clearly(명확하게 모호할 것)'을 원칙으로 삼을 수 있을 것이다.

### *17. Do not inject opinion.*
### *의견을 집어넣지 말라.*

자기 의견을 꼭 집어넣어야 하는 경우가 아니라면 글 속에 자기 의견을 집어넣지 말라. 무슨 글이든 우선은 전달해야 할 내용을 객관적으로 전달하는 태도를 취하는 것이 바람직하다. 글을 쓴 사람의 개인적인 의견이 여기저기에 무차별적으로 끼워져 있는 글은 자기중심적인 글이라는 느낌을 주게 된다.

### *18. Use figures of speech sparingly.*
### **비유를 남발하지 말라.**

비유는 매우 유용한 표현방법이기 때문에 흔히 사용된다. 그러나 비유를 연속해서 남발하면 글을 쓰는 사람이 전달하고자 하는 내용이 그 글을 읽는 사람에게 원활하게 전달되는 것을 방해한다. 독자에게 쉴 틈도 없이 거듭 무엇과 무엇을 비교해서 그 유사성을 헤아려야 하는 부담을 주는 것은 바람직하지 않다.

### *19. Do not take shortcuts at the cost of clarity.*
### **명확성을 해칠 정도로 줄이지 말라.**

줄임말은 글을 간결하게 쓰고 싶은 사람들에게 함정이 되기 쉽다. 예를 들어 조직이나 단체의 이름을 두문자 약어로 지칭하는 경우에 그 두문자 약어가 널리 알려진 것이 아니라면 그렇게 해서 얻은 간결함이 무슨 소용이 있겠는가? 이보다는 전달하고자 하는 내용이나 뜻을 명확하게 전달하는 것이 우선일 것이다.

### *20. Avoid foreign language.*

### **외국어는 가급적 사용하지 말라.**

외국어를 사용하는 것이 편리하거나 필요한 경우도 물론 있다. 그러나 그저 멋을 부리거나 자기과시를 하기 위해 외국어를 남용하는 것은 독자가 편안하게 글을 읽을 수 있도록 배려하는 마음이 부족함을 드러내는 태도다. 외국어를 남용하는 것은 나쁜 버릇이다. 영어로 글을 쓸 때에는 가급적 영어로만 글을 써라.


### *21. Prefer the standard to the offbeat.*

### **색다른 것보다는 표준적인 것을 취하라.**

젊은이들은 표준적인 것보다 색다른 것에 이끌리고, 격식에 매이기보다 파격을 추구하는 경향이 있다. 그래서 신조어와 유행어가 생겨나기도 한다. 그러나 새로운 시도인 것처럼 보이는 것이 사실은 규칙을 익히고 실천하기를 피하는 나태함의 표현일 수도 있다. 우선은 표준적인 영어로 좋은 글을 쓸 수 있도록 노력하라.


(위에 소개된 21가지 조언의 내용을 보다 자세히 알고 싶은 독자는 William Strunk Jr., The Elements of Style, Fiftieth Anniversary Edition (Revised by E. B. White), Pearson Education, Inc., 2009, pp. 66~85를 보라.)

# 옮긴이의 후기

이 책은 미국 코넬대학에서 영어학을 가르쳤던 윌리엄 스트렁크(William Strunk Jr., 1869~1946)가 써서 1918년에 처음으로 펴내고 1935년에 첫 개정판을 낸 The Elements of Style을 번역한 것이다. 이 책은 그 원서가 처음 발간된 지 100년이 다 되어가는데도 여전히 영미권에서 많은 사람들이 찾아 읽고 있으며, 그래서 절판되지 않고 중판을 거듭하고 있다. 이 책의 인기가 이처럼 식지 않는 것은 작은 판형의 원서로 수십 페이지에 불과한 얇은 책이지만 그 안에 영어를 사용하는 사람들이 간과하기 쉬운 문법상의 규칙과 문장구성의 원칙이 오롯이 담겨있기 때문인 것으로 보인다.

이 책이 세상에 널리 알려지는 데는 코넬대학의 학생으로서 스트렁크의 강의를 들었던 미국의 작가이자 잡지 〈뉴요커〉의 편집자 E. B. 화이트(Elwyn Brooks White, 1899~1985)가 스트렁크는 이미 작고한 뒤인 1950년대 후반에 이 책에 다시 주목하고 이 책을 높게 평가하는 글을 써서 발표한 데 이어 1959년에 이 책의 증보개정판을 낸 것이 중요한 계기가 됐다. 화이트는 적은 지면만으로도

'분명하고 정확하고 간결하게 영어를 사용하는 것'의 가치를 설득력 있게 설명했다는 점을 이 책의 최대 강점으로 꼽았다. 이런 강점은 주로 이 책의 Ⅲ장과 Ⅴ장에서 확인된다.

이 책을 처음으로 접하게 된 사람은 '명사의 소유격 단수형은 's를 붙여 만든다'라는 첫 번째 규칙의 제목만 보고는 "겨우 이런 정도냐"면서 마치 이 책이 초등학생용 수준밖에 안 되는 것으로 오해하기 쉽다. 그러나 조금 더 읽어보면 's를 붙여 명사의 소유격 단수형을 만든다는 가장 초보적인 규칙과 관련해서도 다시 한 번 생각해봐야 할 것이 있음을 알게 된다. 뿐만 아니라 문장구성의 기본원칙을 서술한 Ⅲ장까지 읽고 나면 영어를 사용할 때 잊지 말고 상기해야 할 중요한 여러 가지 조언을 듣게 된 것을 다행으로 생각하기 시작할 것이 분명하다.

이 번역서에는 1918년에 발간된 원저의 내용 외에 옮긴이가 나름대로 수집한 '철자의 오류를 저지르기 쉬운 낱말' 250개가 Ⅵ장으로 추가됐고, 화이트가 1959년의 증보개정판에 넣은 '자기 스타일을 찾는 사람들을 위한 21가지 조언'을 그 핵심만 간추려 요약한 것이 Ⅶ장으로 추가됐다. 옮긴이가 이렇게 한 것은 추가된 내용이 이 책을 읽는 독자에게 도움이 될 것이라고 생각했기 때문이다. 또한 원저에는 주석이 하나도 없지만, 옮긴이가 보기에 독자가 이 책을 읽다가 궁금해 할 만한 사항에 대해 각주의 방식으로 10여 개의 주석을 달았음을 밝혀둔다.

# 찾아보기

all right 104
and 23
as good or better than 105
as to whether 105
bid 105
breezing style 156
case 105~6
certainly 106
character 107
claim 107
compare to와 compare with 108
consider 108~9
could be heard 55
due to 109~10
effect 110
etc. 17, 21~2, 111
factor 112~3
feature 113~4
he is a man who 114
however 115~6
kind of 116
less와 fewer 117
literal 118
literally 118~9
nature 120~1

near by 121
not 59
one of the most 122
pretty 155
rather 155
so 125
The Eight Beatitudes 75~6
the fact that 65
the people과 the public 122
there is 55
very 129, 155
while 129~32
windy style 156
worth while과 worthwhile 132~3
would 133~4

간접의문문 88
간접화법 88, 99
강조 91~4
과거시제 87~8
과거완료시제 87
관계대명사 82
관계사 69
관계사와 선행사 84~5
관계절 82

관사 77
괄호 97
구도 153
구두점 97
군더더기 107, 114, 120, 155
글의 간결함 63, 67
긍정문 60, 67
낱말의 분할 36~8
능동태 53, 55, 67
단문 27, 71
대등절 69
대명사의 소유격 15
대조법 50
대화문 43, 157
도미문(도미문장) 25, 71, 92
도입구 26
도입문장 45
독립절 23, 26~7
동격 33, 82, 85, 98
동사 154
라로슈푸코 98
레키, 윌리엄 51
레키의 '역사의 가치' 49~51
로만체 101
롱펠로, 헨리 워즈워스 25
마침표 28, 31, 97
매너리즘 52, 106
명사 154
문장구조 27
문학작품 비평 89~90
물음표 97
미국 정부출판청 14~6
배분사 128
101의 표기 122
병렬구문의 원칙 75~6

복문 27
부사 26, 29, 154, 157
부정대명사 15
부정문 67
분사구 32
비유 159
비한정적 관계절 19
사투리 158
산상수훈 75
산열문(산열문장) 25, 69, 71
삽입되는 구절(삽입구절) 18
새커리, 윌리엄 메이크피스 71
새커리의 '허영의 시장' 머리말 71~4
세미콜론 28~9, 71, 129
셰익스피어, 윌리엄 60
소설에 대한 논의의 구성 42
소유격 14~5
수동태 53~4, 56~7, 67
수식구 85
수식어 85
쉼표 18~30, 98
스타일 8, 104, 152
스타일에 관한 21가지 조언 152~60
스트렁크, 윌리엄 161
스티븐슨, 로버트 루이스 27~8, 76
스티븐슨의 '도보여행' 45~8
시리얼 코머 16
시에 관한 리포트의 구성 41~2
시제 88~9
신조어 160
십계명 75
아리스토텔레스 98

아포스트로피 15
약어 21, 159
역사적인 사건에 대한 논의의 구성 43
연결문장 43, 45
예수 75
옥스퍼드 코머 16
옥스퍼드대학 출판부 14~6
외국어 160
요약의 시제 87
우드, 조지 매클레인 9, 10, 106
워즈워스, 윌리엄 81~2, 99
유행어 160
음절분할 38
이야기체 51~2, 55
이탤릭체 101
인용 98~100
인용부호 98~9
전치사 77
접속사 22~3, 26, 28, 69, 129
종속절 22, 27
주동사 81
주어 32, 81
주절 20, 22, 82
주제문장 44~5
줄바꿈 36
중문 27
중복문 27
진복팔단(팔복) 75~6
참고문헌 100
창작 153
철자의 오류 135
출처 100
케네디, 존 에프 25
콜론 29, 98

퀼러-카우치, 아서 10, 106
토픽 40, 43
패러그래프 40~52, 69~70
패러그래프의 분할 40~1
하버드 코머 16
한정사 155
한정적 관계절 21
해즐릿, 윌리엄 47~8
행복에 관한 교훈 75~6
현재시제 87
현재완료시제 87
형용사 154
혼합문 27
화이트 E. B. 152, 160~1
흉내 153